ちくま文庫

小津安二郎と七人の監督

貴田 庄

筑摩書房

目次

小津安二郎と七人の監督

扉写真　日本映画監督協会創立の集い（1936年2月）
（前列左より）田坂具隆、清水宏、山中貞雄、阿部豊、村田実、池田義信、島津保次郎、牛原虚彦
（中列左より）衣笠貞之助、小津安二郎、井上金太郎、溝口健二
（後列左より）山本嘉次郎、五所平之助、伊丹万作、成瀬巳喜男、鈴木重吉、内田吐夢

はじめに、もしくは若き日の映画監督

俳優から映画監督へ

映画監督のなかには、若いとき俳優をめざした人が少なくない。とくに映画産業が揺籃期にあったときには、チャールズ・チャップリンに代表されるように俳優を兼ねた監督がいたり、初めは俳優だったがのちに監督に転身したりした人が多かった。日本の映画監督では、たとえば、若い時の衣笠貞之助は新派の女形の役者をしていたというし、溝口健二は映画界に正式に入る前に若山治監督の撮影台本の清書をしていた時期があるというが、その若山治は衣笠貞之助と一緒に役者をやっていた。溝口健二もまた撮影所にはいった当初は俳優志願だった。溝口作品の脚本家として名高い依田義賢《よだよしかた》は、このことを知って驚いたと『溝口健二の人と芸術』のなかに書いている。

衣笠貞之助（一八九六〜一九八二）は俳優から監督へ転身した理由を、かつて『キネマ旬報』において「無声時代の歩み」と題して、自ら語っている。その箇所を紹介してみたい。彼の言葉から初期の日本映画がどのように撮影されていたかがよくわかる。ここでは個人の伝記を超えたきわめて興味深い撮影風景が語られている。

ぼくが芝居にはいったのはたしか十九歳でしたか、そのあと映画にでるようになったのが大正六年のこと。たしか道頓堀で芝居をしていたころだとおもう、女形でしてね。日活の支店長からぜひ東京（向島撮影所）へ行ってもらいたいという話があったのです。ぼくのいた松竹としてはそりゃやめたほうがいいのじゃないかという。ぼくとしてはやってみるのもおもしろいではないか、松竹さえいいといえば、一年くらいやってみたい気持でした。（中略）当時、撮影は一週間で一本全部とれてしまう。ぼくは映画ははじめてで、どういうことになるのかさっぱりわからない。でも結局向島では六年、七年、八年、九年、十年くらいまでやったかしら。(1)

衣笠の詳しいフィルモグラフィーを見ると、彼が初めて映画に出演したのは一九一八（大正七）年正月封切りの『七色指環』、最後の映画出演は一九二三（大正十二）年六月封切りの『盗まれた花嫁』である。引用をつづけよう。なお、グラスステージというのは、植物園のようなガラス張りの撮影スタジオのことで、照明が不十分な時代には、自然な太陽の光が必要だったため、このようなスタジオが存在した。当然、作品は無声映画である。長くなるが引用を続けよう。

不思議な撮影でして、俳優は幾人もいないから、本が出来ますと自分の役がわかるほどでした。グラスステージのなかにセットを作る。いまのような演出家というものはいない。演出はマネージャーがやってましたよ。セットでマネージャー氏が台本を読む、すると自分が大体考えて来た演技プランみたいなものがあるわけですから、マネージャー氏に合わせてセリフを口走りながら演技するという工合でした。セットも前と横の二面、殆ど書割みたいなものです。（中略）当時のシーン数は、だいたい一本二十五から三十ぐらい、ということは二十五カットから三十カットということです。カメラが動くわけでもなんでもない。フィルムがたしか一マガジン二百フィート・ネガティヴだったと思います。十六コマまわしでね。だから二百フィートまわって切れると、「マッタッ」という声がかかる。すると演技を中断して、そのままの姿勢で待っているわけです。早いときで五分、おそいときは三十分ぐらいフィルム交換の間待ってなけりゃならない。

じっとしてるんですよ。フィルムをいれかえ終れば「ハイ」という声がかかる。そこでさっきの続きをずっとつづけて行くというわけです。（中略）

ぼくは段々この撮影を不思議に思うようになり出しました。たとえば相手役が腹をたてて、パッと障子を開けて座敷をとびだし縁側にでる。それを追っかけて見送るシーンがあるとしましょ、するとカメラは人物の背中になるわけですね。そのカメラ——機械と言ってました——のほうをむいて芝居しろというのです。背中を向けているのに振返って芝居しろとは、それはちょっとできない。ぼくの顔がそんなに撮りたいなら機械をぼくの前にもってきたらいいじゃないかといったのです。そうしましたらね、「いや縁側のほうに機械をすえても、うしろにセットがないじゃないか」。

いまいった、この「待った」ですがね、山本嘉一というまじめな人がいましてね、パッと体をひねったとたんに「待った」。そのままのかっこうで汗をたらしながら何分でも待っている。しかしそれでも上映されたのをみると、その部分はパパッとアクションが飛ぶのですよ。フィルムはイーストマンでしょう。フィルムのはじめにナンバーがはいっている。そのナンバーを切る、それから光線のはいっているところを現像場で切る。そうすればどうしてもアクションはフィルムのつなぎ目で飛ぶのですよ。これじゃ汗をだして、息を殺してふしぎな姿勢で三十分待っていなくてもいいんだ。ぼくは待つのをやめちゃった。「動いちゃいかん」というが、「まえの通りにするから」と言ってね。……しかし山本さんだけは動きませんでしたよ。

また昔は全部フィルムは染色したものです。ナイトシーンはオレンジ、桜の季節はピンクにするとか。この染色のためにどうしてもフィルムを切らなければならない。それをあとでつなぐわけです。それならもっと最初から細かく撮って行ってあとでつなげても映画は出来るじゃないかとおもいついた。そんなことから一度本をかいてみたら、もっと今までの映画とちがったものができるだろうと考えたのです。

そういうことでぼくは「妹の死」という本を書いてみました。（中略）この本読みを会社でやったら、目まぐるしい、こんなものは活動じゃだめだという。シーンばかりかわって、これでは弁士が説明できんじゃないか。こう言われまして、それなら俺はこんな原始的なことを永久にやっていなければならないのか、面白くない、早々退散しなければ、とまア考え出したのです。

ところがその時分でもたまには本が間にあわない時があるのです。鈴木という専務が、撮影所に毎日きて本読みをきいて採決するわけですが、「妹の死」をもってこいという。結局よろしいということになって撮りだしたのです。上野の機関区にいってたのみこんだり、甲府の機関庫にいったり、藤野秀夫が兄貴をやって、ぼくが妹、横山運平が私を犯す仇役というようなメンバーではじめたわけです。やってみると実に簡単で、目まぐるしくもなんともない。もう一つ、これをやってみて、どうも男優が女をやるのはおかしいことが判りかけました。丁度松竹蒲田が女優を採用しだしたころですが、女形が結構商売になっているころですからなかなかこの判断がつかなかったのですね。(中略)

最初一年のつもりだったが、いろいろ映画の仕事をやっているうちに、なかなか将来性もある面白い仕事だ、しかし自分がおどっていたのでは大変だ、どうしても作るほうの側になりたい、そうおもいはじめたのがちょうど震災前あたり、映画監督にかわるきっかけでした。(2)

衣笠はわが国における初期の映画作りや監督をめざしたわけを、このように手際よく、かつ具体的に描写している。衣笠は明治二十九年、つまり一八九六年生まれなので、彼の語った思い出はまさしく日本映画揺籃期における出来事である。この時期の映画作りにあっては、撮影が固定したカメラでおこなわれるのがふつうであった。これはきわめて原始的なワン・シーン＝ワン・ショットといえるが、衣笠は俳優の側からの意見として、フィルムをカットし、いくつかのショットでひとつのシーンを作るべきだと考えたのである。ここには映画作りにとって重要なコンティニュイティの萌芽を見てとれるだろう。フィルムをカットし、さまざまな角度や位置から撮影しようとすることは映画的な思考である。

図1　田中栄三監督『生ける屍』の山本嘉一と衣笠貞之助（右）

彼はまた、自ら女形という仕事を失うかもしれないのに、男が女を演ずることの無理も感じている（図1）。スクリーンに大きく映しだされる顔が、女形のそれでは耐えられないのではないか？　衣笠が抱いたこのような疑問は、当時としてはきわめて革新的だったはずである。彼が監督となり、ほどなくして『狂った一頁』（一九二六）や『十字路』（一九二八）という日本映画史上に燦然と輝く前衛的な作品を創造できたのは、引用文でわかるように、彼の従来の方法にとらわれない、柔軟な才能が華ひらいた結果と考えられる。

衣笠の手になる『妹の死』（一九二〇）――この作品は撮影技師兼監督をしていた阪田重則の作品とされてきたが、今は衣笠の処女監督作品といわれている――とはどんな映画だったのだろう。当然、フィルムは残っていないので、衣笠自身が語っている内容を紹介する。兄は上野あたりの機関区で働く機関手で、妹（衣笠の役）は小さなアパートで留守番をしている。同じアパートには彼女が恋している建築家が住んでいるが、その男は彼女の気持ちを知らない。妹が機関庫にいる兄に弁当を届けにゆくが、待っているあいだに機関助手の火夫に犯される。彼女は線路づたいにアパートに帰る途中、やってきた汽車に身を投げる。急停車した汽車から降りてきた機関手は兄だった。この事件で兄はすっかりグレてしまい、憎むべき男を酒場で殴り、いずこへともなく立ち去ってゆく。

このような内容の脚本が「目まぐるしい、こんなものは活動じゃだめだ」とか、「シーンばかりかわって、これでは弁士が説明できんじゃないか」といわれ、危うくボツになりかけたのである。

画家希望から映画監督へ

衣笠貞之助は俳優をやってみて、映画監督になってみたいと決心したわけだが、若いときに画家をめざした人が映画監督になっている場合も少なくない。その代表格はなんといっても黒澤明（一九一〇〜一九九八）である。彼は京華中学校在学中、同舟舎という画塾で絵を学んでいる。卒業後は川端画学校に通っているが、このとき二科展に出品して入選している。それから日本プロレタリア芸術連盟の美術部に属し、機関誌「ナップ」の表紙の絵を、柳瀬正夢の代役で描いていた時期もあった。しかし、これでは食べることが難しい。彼は家から独立して生活するために、画家になることをあきらめ、一九三六（昭和十一）年、のちに東宝となるＰ・Ｃ・Ｌ（Photo Chemical Laboratory）映画製作所の助監督募集の試験を受ける。当時の映画界は多くの場合、小津安二郎や五所平之助に代表されるように、縁故者採用が多かったが、Ｐ・Ｃ・Ｌ

は映画雑誌や新聞で助監督の公募を試みた（図2）。

黒澤はその記事を目にしたのである。彼が映画界に身を投じたのは、単に経済的なことだけでなく、すぐ上の兄が、須田貞明という名の知られた活動弁士だったことも影響しているだろう。兄はよく、彼に興行館に出入りできるパスを貸してくれたり、映画を見せに連れていってくれたりしたという。この兄は一九三三年、伊豆湯ヶ島の温泉で心中している。黒澤は、若き日に見た映画のなかでは、アベル・ガンスの『鉄路の白薔薇』（一九二三）が好きだった。後年の黒澤作品を見れば、いかにも彼好みのフランス映画といえるだろう。

黒澤が大学卒でなかったこともあって、P・C・Lでは彼を採用することに反対する声もあったが、入社試験の審査部長だった山本嘉次郎が彼を気に入り、助監督としての採用が決まった。

黒澤は助監督として、山本嘉次郎に数年ついている。このとき高峰秀子主演の『馬』などの撮影で才能を発揮し、山本から全幅の信頼を得ている。彼は映画界入りが二十六歳と遅かったが、助監督を七年ほどつとめて、監督に昇進する。処女作品は一九四三年封切りの『姿三四郎』（キネマ旬報ベスト・テン第二位）である。戦中に撮った『一番美しく』（一九四四）と戦後すぐに撮った『わが青春に悔なし』（一九四六）

P・C・L撮影所が
助監督を募集

P・C・Lではスタヂオの増築と共に四月より一擧三本完成を目標としてその増産に備へるべく各方面に渉って種々擴張準備に着手したがその第一歩として新春早々助監督の募集を行ふこととなり左の規定で採用試驗を行ふ。

一、日本映畫の根本的缺陷を例示し具體的にその匡正法を逃べよ

注意―右の問題に適當なる題名を附し原稿用紙十枚（四百字詰）以内にまとめて東京市外砧村喜多見一〇〇、P・C・L映畫製作所總務課宛一月廿五日までに提出のこと、尙右論文の他履歴書及最近の寫眞一葉添付のこと、以上をもつて第一審査を行ひ、合格者は改めて筆記試驗を行ひ、採用者は二月上旬發表する。

図2　P・C・Lが『キネマ旬報』に出した助監督募集の告知

との落差に戸惑う人は多いと思うが、そののちの彼の活躍はよく知られているとおりである。美術ということでいえば、『どですかでん』（一九七〇）のセットやポスター、『影武者』の絵コンテ、オムニバス映画『夢』の「鴉」に描かれたゴッホなどは、かつて油絵の画家をめざしていた黒澤明を彷彿させるものである。

　若き日の溝口健二（一八九八〜一九五六）も美術の勉強をしている。溝口の映画界入り前のことはあまり知られていない。映画評論家の岸松雄《きしまつお》は直接、溝口に会ってきいたことをもとにして、短い「溝口健二」という興味深い人物伝を書いている。それによれば溝口家は経済的に恵まれていなかったため、彼は中学に

進学できなかった。しかし、姉の寿々が養家から芸妓に出て、すぐ松平忠正子爵に落籍され、日本橋の妾宅に囲われたため、寿々の仕送りで溝口の家は暮らし向きが楽になった。溝口は十五歳になったとき、絵を描きたいというので、「ツテをもとめて浅草今土橋の渡辺という図案屋に弟子入りした。図案といってもゆかたの図案である。この時分の溝口を知っている大久保忠素《ただもと》もじつは同じ図案屋仲間の弟子だった。大久保は村田実と同期の友なので、溝口より三つか四つ年上であった。ゆかたの図案に物足らなさをおぼえた溝口は、今土橋の渡辺から暇をとり、日本橋浜町に住む浜村という模様絵師に弟子入りした。弟子入りといっても住み込みでなく、前の家と同じように自宅からかよった」(3)。大久保忠素とは松竹に入所した小津安二郎が助監督としてついた最初で最後の監督である。つまり大久保は小津にとって、映画界における唯一人の師匠といえる人物である。

溝口健二は母が死んだため、姉のやっかいになりながら、本格的に油絵を学ぶ決心をする。そこで、一九一六(大正五)年、十八歳のとき、赤坂溜池にあった黒田清輝主催の葵橋洋画研究所に入門する。彼はここで一年間、モデルを使った裸体画のデッサンなど洋画の基礎を学んでいる。このときの塾頭は和田三造であり、これが縁で、溝口はのちにカラー作品『新・平家物語』を撮ったとき、和田を「色彩監修」として大映に迎えている。

それから溝口は名古屋の陶器会社の図案部に入ることになり、名古屋へ発つが、働く気になれず、翌日には東京に戻ってくる。一九一八年になって、溝口は神戸又新《ゆうしん》日報の広告部に図案係として勤めている。ここで彼は図案係として働いただけでなく、文学にも熱中した。しかし翌年になって、またまた東京が恋しくなり、無断で神戸を離れている。東京に舞い戻った居候の溝口は、姉の心配をよそに、なにも仕事をせず、図書館や美術館にかよったり、浅草に遊びに行っては映画や浅草オペラを見たりしていた。このとき彼は向島で琵琶の教授をしていた幼なじみのところに出入りするのだが、そこへ習いにきていた富岡という俳優と知り合いになる。このようにして、若き溝口のモラトリアムの時期が終わりに近づいてゆく。一九二〇年五月、彼は日活向島撮影所に入所する。身分は希望した俳優ではなく、小口忠《おぐちただし》監督の助手だった。溝口健二は二十二歳になっていた。

映画好きから映画監督へ

小津安二郎（一九〇三〜一九六三）は、東京市深川区亀住町に、父寅之助、母あさゑの二男として生まれている。父は深川で本家が営む「湯浅屋」という肥料問屋の番頭をしていた。小津はすぐ近くの明治尋常小学校に通うが、子供の教育は地方のほうがよいという父の考えで、一九一三（大正二）年、父だけが東京に残り、一家は父の郷里三重県松阪町（現、三重県松阪市）に転居する。こうして小津は松阪の尋常小学校の四年生となる。一九一六年四月、小津は三重県立第四中学校（小津の在学中に宇治山田中学校と改名、現、宇治山田高等学校）に入学し、寄宿舎に入る。

宇治山田中学校時代の同級生が、つぎのような小津の思い出を語っている。

少年時代は、真面目な一面ユーモアにも富んでいた。勉強にも人並みに努力していたが、特技は絵を描くことであった。博物の写生・解剖スケッチ等、実に巧みで、夏休みの宿題の図なんか得意中の得意だった。それに反して文章の方はどうだったか。後年、すぐれたシナリオを書いたり即興的な軽妙な文章を綴ったりしたが、そうした才能の芽が当時の彼にすでに萌《きざ》していたとはとても思えないのである。(4)

小津に文才がなかったという証言にはやや驚くが、こと絵画に関しては、少年時代からその才能は周りの者にも認められていた。事実、彼はスケッチ的な絵を多数残している。しかし、黒澤や溝口とはちがい、専門的に美術を学んだということはない。小津の経歴を調べてわかることは、彼が映画少年だったということである。それが昂じた結果、映画監督になりたくて、彼は蒲田撮影所に入所したといえるだろう。脚本家の野田高梧が小津から何度も聞いた話として、郷里の松阪で「松之助のカツドウを見たのが病みつきになり、そのころの伊太利映画の大作『クォ・ヴァディス』とか『ポンペイ最後の日』などというのを持って地方巡業をしていた駒田好洋一座が名古屋の御園座にかかると、早速学校を休んで出かけた」[5]ということを紹介している。先に引用した宇治山田中学校時代の同級生は、小津がパール・ホワイトに心酔し、そのブロマイドをポケットから取り出しては、得意げに話していたとも述べている[6]。

小津は中学五年生の一学期の終り頃に停学（あるいは謹慎）処分を受けたため、寄宿舎にいられなくなり、自宅からの汽車通学をしている。これで自由の身となったため、小津の映画好きに拍車がかかった。彼は一九二一（大正十）年に宇治山田中学校を卒業し、兄の在学していた神戸高商、現在の神戸大学経済学部を受験し、失敗する。さらに名古屋高商（現、名古屋大学経済学部）を受験し、これも不合格。そして一年の浪人生活のあと、三重県師範学校（現、三重大学教育学部）を受験するが、これにも失敗する。しかし小津は、運がよかったのか、松阪から三〇キロほどの尋常小学校の代用教員となる。このときの彼の楽しみは、週末に松阪で見る映画だった。小津の映画監督志望はこのようにして育まれていった。

小津は、妹登貴《とき》の女学校の卒業を機に、一年ほど勤めた代用教員を辞して、登貴と一緒に東京へ戻ってくる。その当時、映画作りはやくざな仕事と見なされていたため、小津が映画界で働くことに家族の反対があった。しかし、母の異母弟が松竹に土地を貸していたこともあって、一九二三年八月、松竹キネマ蒲田撮影所に入所できた。小津は監督志望だったが、演出部に空きがなかったため、撮影部のカメラマン助手という身分であった。これが小津の映画界における最初のスタート地点である。

このようにみてくれば、映画好きの青年が志を曲げず、そのまま撮影所の門を叩いたといえるだろう。若き日の小津には特別になにかを習ったとか、経験したということはない。しいていえば、浪人の末にたどり着いた代用教員の生活が、小津になにか影響を与えたように思われる。なぜなら小津映画の登場人物にあって、サラリーマンのつぎに多いのが教師といえるからだ。それほどまでに小津はさまざまな教師像を描いている。

このような小津と比較すれば、彼の後輩にあたる木下惠介（一九一二〜一九九八）は映画監督になろうとして、ずいぶん遠回りの道を歩んでいる。木下惠介の映画界入り前後の様子を知ると、小津がいかに恵まれたスタートを切ったかがよくわかる。

浜松に生まれた木下惠介も、小津同様に、若いときから映画監督になりたかった。地元の工業高校を修了したあと、映画界で働きたくて、浜松にロケーションにきた俳優を頼りに家出同然で京都に飛びだしたが、すぐに叔父に連れ戻される。彼が十九歳のときである。そんなに監督になりたいのならということで、松竹キネマ蒲田撮影所次長六車修《ろくしゃ》の伝《つて》を得て、彼に会いにゆくと、「監督になろうといっても大学出ぐらいのばかりだから、そういう中に田舎者が出ていっても監督になれない。撮影部なら入れてあげる」(7)といわれたという。この六車修は小津の入社のときにも撮影所次長として面接した人物である。小津は「君は俳優監督になりたいのか、撮影監督になりたいのか、どっちだ」といきなりたずねられて、「あの時はよわりましたよ、一体どっちが今の監督のことなのか判らなくてね」(8)と思い出している。

木下は、撮影部にはいるためには写真学校をでていなければならないという言葉に従って、六車が講師をしていたオリエンタル写真学校にはいろうとするが、そこへの入学の条件には半年以上の写真の経験が必要だった。そこで彼は、日比谷にあった写真屋の見習いを皮切りに、写真の知識を身につけてゆく。短期間の見習いのあと、一ツ橋の写真屋が開いていた写真研究所に半年ほど通う。それからオリエンタル写真学校を修了した木下は「さあ撮影所に入れて下さい」というと、撮影部は満員で「現像場ならあきがあるからどうだ」という。(9)こうして彼は、ともかく一九三三(昭和八)年一月、松竹キネマ蒲田撮影所の現像場の一員となった。とはいっても、それは木下が本当にやってみたい仕事ではなかった。

なんでもかんでも入ろうというために随分廻り道もしたし、ものすごく金がかかっちゃったわけですね。現像場には三月いました。いちばん水の冷たいときです。現像場の仕事がいやでいやで、現像場の窓から、ロケーションに行く人を見ていると、口惜しくてしようがない。そのうちにやっと、お願いしてあった撮影技師長の桑原昂さんの組によんでいただいたのです。桑原さんは島津組でしたから、これで島津先生と縁ができた。

島津組でカメラをやっているあいだに、助監督の吉村公三郎さんが「君はカメラの仕事よりも監督部にきたほうがいい」と言ってくれました。僕、芝居(演出)ばかりみていたわけです。「君は芝居なんか見なくてもいい、カメラだけを見ていてくれ」と、よく先輩に叱られました。(10)

木下は若き日の修業時代の様子をこのように語っている。彼は島津保次郎（一八九七〜一九四五）に気に入られ、二年ほど経った一九三六年に島津組の助監督となる。島津は伊藤大輔とならぶ日本映画草分けの監督で、松竹の映画部門の母体となった松竹キネマ研究所初の映画、村田実監督の『路上の霊魂』（一九二一）の助監督をつとめている。木下惠介の撮影助手時代の作品には、小津の『非常線の女』（一九三三、木下正吉という名前）や島津の『隣の八重ちゃん』（一九三四）がある。また、島津組の助監督時代では、豊田四郎や吉村公三郎の後輩として島津の作品のセカンドやサードなどをつとめている。たとえば『家族会議』（一九三六）には編集者として、『浅草の灯』（一九三七）には助監督として、木下惠介の名前を発見できる。

島津保次郎は一九四〇年頃に東宝に移籍している。松竹にくらべ、新しい撮影設備を誇っていた東宝砧撮影所に馴染めなかったらしく、移籍後の島津作品には見るべきものがないといえる。

他社へ移籍した者だけでなく、小津のように中国戦線に応召した監督もいた。その結果、松竹に監督が少なくなり、助監督たちに監督になるチャンスがまわってくる。木下は監督に昇進した吉村や中村登たちの脚本を担当したこともあり、城戸四郎所長に才能を認められ、いよいよ監督に昇進する。一九四三年のことであった。城戸の強い後押しがあり、木下は、戦時下の当時としては異例の天草や浜名湖へ、それぞれ四十日のロケーションを敢行して撮った『花咲く港』でデビューした。それは同年、東宝から『姿三四郎』でデビューした黒澤明のよきライバルにふさわしく、新人監督の作品としてはきわめて水準が高かった（キネマ旬報ベスト・テン第四位）。

島津に撮影助手や助監督としてついたことは木下に間違いなく大きな影響を与えたと考えられる。溝口健二と小津安二郎の作品は、なかでも評価の高い作品は、かぎられたテーマのものが多い。しかし、溝口や小津とくらべると、木下惠介はさまざまなテーマの作品をさまざまな撮り方をして、ほとんどすべての作品を無難にこなしている。彼は溝口健二や小津安二郎と異なり、きわめて器用といえる。その証拠に、キネマ旬報ベスト・テン第一位をとった『大曾根家の朝』（一九四六）『二十四の瞳』（一九五四）『楢山節考』（一九五八）を見れば、三作とも描いた世界が別々で、その描き方もまったくちがうことに気づくが、驚くことに、これら三本を木下惠介というひとりの監督が作ったのである。木下はこれらのほかにも、『お嬢さん乾杯』（一九四九）『破れ太鼓』（一九四九）『日本の悲劇』（一九五三）『野菊の如き君なりき』（一九五五）『喜びも悲しみも幾歳月』（一九五七）『惜春鳥』（一九五九）『香華』（一九六四）などの名作を撮っている。これらの作品を見たら、その器用さが木下のすぐれた才能の一部であることはだれの目にもあきらかである。たしかに彼の作品の基となる調べは、日本的な柔らかな抒情や感傷であるが、それは彼の作品の多くが、耐える女と優しい男を主人公にするためである。

それにしても木下の映画には、商業映画として数々の作品を巧みにこなした島津保次郎の影響を考えないわけにはいかない。まさしく島津は木下のよき師匠であった。城戸所長の思い描いた松竹蒲田における商業路線を的確にこなした監督は島津であると思われるが、木下恵介は、そのような師匠の跡を引き継ぎ、松竹大船において、荒廃した戦後の日本を背景に、大勢の観客に訴える作品を撮った監督である。

このように衣笠、黒澤、溝口、小津、そして木下と日本映画を代表する監督たちをみてくれば、監督になるまでもっとも幸運な人物は小津安二郎であったように思われる。「僕は当時、一日も早く監督になりたいという気持ちはそんなになかったのですよ。助監督なら呑気に飲んでいられるが」[11]などと語る小津は、さしたる回り道をせず若くして映画の道にはいり、撮影助手をへて助監督となり、さらに二十四歳の若さで監督となっている。彼は出発からして、揺籃期にあった映画産業の恩恵を受け、日本の映画産業がベル・エポックにあったとき活躍できた監督といえる。

それでは小津と彼の周辺にいた七人の映画監督について述べていきたい。

I　溝口健二、反小津的カメラワーク

溝口健二監督（1898年5月16日～1956年8月24日）

ワン・シーン＝ワン・ショットの誕生

溝口健二が彼の代名詞といえるワン・シーン＝ワン・ショットを始めた時期は定かでない。初期の作品が存在していないことでは、溝口は小津以上である。九十本ほどの作品を撮ったにもかかわらず、現存するフィルムはおよそ三十本だけである。初期のサイレント作品はそのほとんどが失われているからだ。そのために、溝口がワン・シーン＝ワン・ショットを始めた時期や作品を正確に特定できない。溝口自身は、『西鶴一代女』（一九五二）の撮影中におこなわれた岸松雄とのインタビューにおいて、岸の「こんども相変らず一シーン一カットの溝口流らしいけど、ああいう撮り方するようになったのは、いつごろからですか」という質問に、「あの撮り方、大分前からやっていますよ。梅村蓉子主演の『唐人お吉』時分からです(1)」と答えている。梅村は戦前の溝口映画でしばしばヒロインを演じた女優で、溝口の代表作のひとつ『祇園の姉妹』（一九三六）で、人のいい姉の芸妓役を演じている。

『唐人お吉』のフィルムは残っていないので、わたしが頼るのは当時の映画評だけである。この作品は下田の芸者お吉とその恋人鶴松、そこに割ってはいるハリスを描いた、上映時間が二時間近い大作である。お吉役の梅村のほかに、鶴松役に島耕二、ハリス役に山本嘉一などが出演している。溝口にとって四十九作目にあたり、封切りは一九三〇（昭和五）年であった。つまり、この作品までに五十本近くも撮っていたわけで、それらのほとんどがサイレント作品とはいえ、『唐人お吉』になにか映像作家としてのスタイルがあらわれていても不思議はないであろう。しかし、わたしの読んだかぎりでは、溝口が答えたようなワン・シーン＝ワン・ショットを『唐人お吉』に見いだしている映画評はほとんど見あたらない。ここで「ほとんど」と書くのは、気になる『唐人お吉』論が存在するからだ。一九三〇年の『映画評論』八月号に、安田清夫がきびしい時評を載せている。それは三千字ほどのもので、この映画を失敗作と断じ、その原因を脚色の悪さと溝口の監督としての技量にあると説いているものの、そこにはなにかワン・シーン＝ワン・ショットをうかがわせる箇所がある。

　彼は各場面場面は、細心の注意を払って、驚く程効果的にやることがある。然しそれは監督としての彼を価値づけるものではない。彼はコンティニュイティの何ものかを知らないし、従って、出来た映画は全体としてみると、「何が何だかわからないのよ」式のものになっている。また悲惨。
　若《も》しも綿密なるコンティニュイティのもとに製作されたであろうならば、仮令《たとえ》それが完全なるものではなくとも、これほど愚劣なる作品にはならなかっただろう。彼は自分自身の趣味に適合したと思われる場面だけは、入念に、而《しか》も短くすることなく、直言すれば、眠気を催す程長たらしく撮《うつ》しているのである。編集しているのである。（中略）

趣味に溺れた溝口健二は、このまゝでは容易に甦生することが出来ぬ。彼としては先ずコンティニュイティの根本から出発せねばならない。(2)

このように安田は述べ、スタッフに編集を専門とする者の必要性を説いている。彼の指摘する溝口の弱点（？）は、たとえば、彼の偉大なる失敗作といわれている『元禄忠臣蔵』（前篇一九四一、後篇一九四二）などにもあてはまるものではないだろうか。若き日の溝口であっても、当然といえば当然だが、後年の溝口を彷彿させる作品を作っているにちがいない。溝口映画の成否は、晩年まで、いつも細部と全体の均衡をうまく保ったかどうかにかかっていた。ひとつひとつの場面に細心の注意を払い、驚くほどドラマチックに撮影することは、溝口流のリアリズムの追求なのだが、それらの連なりがひとつの緊密な全体となる作品を撮ることはきわめて難しいことだ。溝口映画におけるコンティニュイティは、おそらく、小津や成瀬や黒澤の映画におけるそれより、はるかに困難が伴うと断言できる。しかし溝口は、戦前では『祇園の姉妹』や『残菊物語』などで、戦後では『西鶴一代女』や『雨月物語』や『近松物語』などで、見事にその困難なコンティニュイティに成功している。

ところで先の岸との対談で、さらに溝口は続け、「映画というものは、一シーン一カット式にガラガラつづけて廻すのと、それをいくつにも切ってカットバック式に見せるのとでは、観客のうける『心理的な重さ』が違って来る。カットを短く切り返して見せると、どうしてもその中にいけないカットが出て来てしまうんですね。でも短いからいいだろうなんてと思うと、それが大間違いでね。弱いですよ、訴え方が……そこでまあ今みたいな一シーン一カットの撮り方を研究しはじめたんです。もっとも此のやり方にも欠点がある、というのは、カットバックしないでガラガラ廻しするため、とかくぞんざいになってね、粗末になりがちなんですよ」③と述べ、彼の映像の基本をあきらかにしている。溝口が俳優たちに要求する演技がこのうえなくきびしかったことは有名な話であるが、そのもっとも大きな理由は、溝口がいうようにワン・シーン＝ワン・ショットが往々にしてぞんざいになり、粗末になることを自覚していたので、それを防ぐためでもあった。

このような溝口の言葉を知れば、先に引用した安田の「彼は自分自身の趣味に適合したと思われる場面だけは、入念に、而も短くすることなく、直言すれば、眠気を催す程長たらしく撮している」という言葉は、安田自身は意識していないが、ワン・シーン＝ワン・ショットの悪い面を指摘し、と同時に、溝口のワン・シーン＝ワン・ショットが完成へ向かう途上にあったことを意味しているように思われる。

ここでもうひとりの証人、溝口作品の脚本を数多く手がけた依田義賢に登場してもらおう。彼は溝口のカメラワークについて、桂千穂との対談でつぎのように述べている。

桂　溝口さんでは『残菊物語』（三九年）もお書きになってますが、これは松竹京都ですね。そのころフリーだったんですか？

依田　私はもうフリーでしたね。専属やったらそうたくさんお金をもらえませんわ（笑）。

桂　そうですか。当時の脚本家はたいてい専属だったのに……。『残菊物語』もやっぱりたいへんだったですか？

依田　たいへんでないものはないですよ。こないだもドイツへ行って話をしたんですけど、溝口の長回しの生まれるもとについてね。歌舞伎とか新派とかいった舞台の演技をそのまま映画に移すにはどうしたらいいかということを、溝口さんは考えたわけでしょ。それはどういうことかというと、映画的にということは、当時は寸断することであったわけですよね、カットバックとか。そういうことをやっても自分の本来の味はでないだろうから、そやから舞台の演技を生かそうという形をとったということですね。

桂　芸道もので舞台場面が出るから、違和感のない演出をしようとしたわけですね。

依田　そのとおりですね。そしてやってるうちにそこから外れていくわけですね。それが一番如実に出ているのが、『西鶴一代女』（五二年）ですね。(4)

依田は「そこから外れていく」と述べているが、これはカメラをあまり動かさないロングによるワン・シーン＝ワン・ショットから、クレーンを使い、カメラが複雑な曲線的な動きをするワン・シーン＝ワン・ショットへ発展したということであり、そのよい例が『西鶴一代女』だというのである。依田は自著『溝口健二の人と芸術』において『元禄忠臣蔵』について触れたとき、溝口の採用したカメラの動きについて、図解入りでつぎのように考察している（図1）。

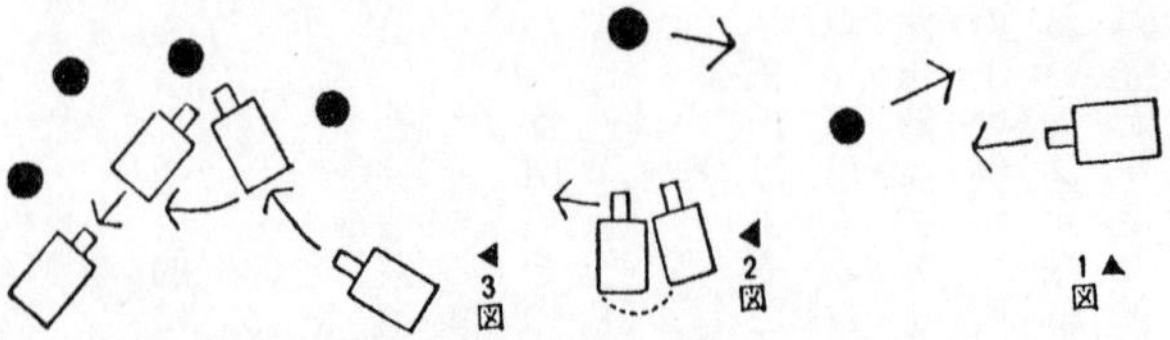

図1　『溝口健二の人と芸術』：『元禄忠臣蔵』のカメラワーク

運動している対象は、運動するカメラで迎えつつ撮影するとき（1図）画面に起こる対象の運動はおおむね倍加する。はじめ、離れている時に、少し遅めのものが、近づき交叉するに至るに従い、加速度が加わる（2図）。

この考え方と数個の対象が、散在する時に（静止または運動している）その間に、カメラが縫って入り、接近または離反が起こる時に、フルショット（全身）バスト（半身）アップ（接写）等の変化が持続の中で起こる（3図）。

この考え方と、この二つを織り交ぜることで、単調な緩慢な運動が様々な変化のある、スピードとリズムを産んだのではないでしょうか。

いつかの時、食事をしていて溝さんに、このことを問い糺《ただ》しましたが、てれたような顔をして、「別に、そんな風に考えなかったよ」といって、苦しまぎれにやったまでだ、みたいなことをいっていましたが、カメラ（杉山公平氏）や、装

置（水谷浩氏）との協議もあってきっとこのことが計算されたと思います。(5)

桂千穂との対談はさらに続き、依田は「方法論というのは溝口さんの場合はないのですよ」とも述べている。彼は『溝口健二の人と芸術』においても、「溝口さんは、コンテ（コンティニュイティ）というものを持ちませんでした。頭の中で、考えているでしょうが、なにかしるすことをしませんでした。そんな風なので、前日、宮川カメラマンが熹朔さんなどと図面を前に、キャメラはここからひく、次のカットはここからなどと話すのを、傍で聞いていても、人ごとのように知らん顔をしたといいます(6)」と書いている。「熹朔さん」というのは、美術の伊藤熹朔《きさく》のことである。

その場の勢いで撮ってゆく溝口の映画には、小津的な、脚本を書くと同時に用意されているようなコンティニュイティはもっとも相応《ふさわ》しくないものだった。撮影直前になっても悩み、しかしその悩みを隠している溝口健二。そんな監督を前にして、俳優たちは逡巡し、「演技を考えるのは君たちの仕事だ」と口にする溝口の、ほとんど独善的ともいえる言葉に戸惑うこととなる。『ある映画監督の生涯』（一九七五）は溝口に関する素晴らしいフィルムによる評伝で、間違いなく新藤兼人の代表作である。この作品では、撮影当日、現場において、その日のシーンをどう撮ったらよいかを悩む溝口監督と彼のわがままに戸惑う俳優たちの葛藤が、スタッフやキャストによって、感動的な思い出として語られている。

ワン・シーン＝ワン・ショットの完成

わたしたちが見ることのできる溝口の古い作品は『ふるさとの歌』（一九二五）『東京行進曲』（一九二九）『ふるさと』（一九三〇）『滝の白糸』（一九三三）などである。溝口自身がワン・シーン＝ワン・ショットを使いだしたと述べている『唐人お吉』はフィルムが存在しないため、真偽の確かめようがない。『唐人お吉』の三年後に撮られた『滝の白糸』には、いまだ不完全なものと思えるが、あの溝口独特の映像の語り口を、つまり、ワン・シーン＝ワン・ショットを発見することが可能である。それは、滝の白糸（入江たか子）が高利貸しの岩淵に体を売ることまでして手に入れた三百円を、夜の帰り道、兼六園で奪われたため、それを取り戻すべく、包丁を手にして岩淵のもとにゆくときの映像によくあらわれている。溝口はまず、金を奪われたところから岩淵の家までの距離は長いはずなので、オーヴァーラップで岩淵の家まで、あっという間に滝の白糸を辿り着かせる。それから彼女は岩淵の家の廊下を歩き、障子を開けて部屋にはいり、岩淵を求めて、さらに奥の部屋の襖をあけて彼のいる部屋にやってくる。溝口はワン・シーン＝ワン・ショットで、滝の白糸が岩淵の家の廊下から岩淵のもとに着くまでの場面を作っている。ここでのワン・シーン＝ワン・ショットはけっして美しいものでも、完成されたものでもない。ここでのワしかし、怒りに燃えた滝の白糸の心情を表現しようとした溝口の果敢な試みが、結果的に、ワン・シーン＝ワン・ショットという映像になったと思われるシーンである。

まぎれもなく完成されたワン・シーン＝ワン・ショットと見なせるシーンを、『浪華悲歌《エレジー》』（一九三六）のなかにいくつか発見できる。とりわけ最後のシーンは、依田が図解で説明したようなショットの片鱗をうかがえる素晴らしい映像である。山田五十鈴演ずる村井アヤ子が、世間にも家族にも絶望して戎橋《えびすばし》のたもとにやってくる。そこへ通りかかった医者に「こないになった女子《おなご》は、どないして治さはるねん？」と尋ねると、医者は「さ、そら、僕にも判らんわ」と答え、左手に立ち去る。すると今度はアヤ子が右手に歩きだす。ここでは横移動で戎橋に沿って歩いているアヤ子を写すのだが、しだいに横向きのアヤ子にカメラが近づいてゆく。ここでカットして、カメラはゆるやかに後退移動をすると、今度は、アヤ子がカメラの正面に向かってやってくる。しかし驚くことに、カメラの後退する速度よりアヤ子の前進する歩みのほうが早いため、しだいに彼女の顔が大写しのショットとなり、映画は終る（図2）。なんという素晴らしい映像表現！

この作品では、ここまでほとんどのショットがロングショットであるため、この最後に用意されたアヤ子のクロース・アップはまったく新鮮に見える。恋人にも捨てられ、家族にも見放され、これからは一人で生きてゆくというアヤ子の決意がその顔によくあらわれている。

フランソワ・トリュフォーが溝口を高く評価したことを知らなくとも、映画を愛するだれもが、このシーンからトリュフォーの『大人は判ってくれない』（一九五九）のラスト・シーンを想起するだろう。少年院を逃げだし、浜辺を走る少年（ジャン＝ピエール・レオ）の顔がアップになり、観客を見つめる顔が大きく映ったところで映画は終る。最後のショットは少年の顔の静止画である。若く可愛いジャン＝ピエール・レオの顔にもアヤ子のように、なにかを決意した意志が感じられるのだが、観客が感情移入を始めつつある瞬間に、映像は静止し、ＦＩＮの文字が出る。トリュフォーは溝口映画を学び、模倣した。

溝口映画における芸道物とは、『残菊物語』（一九三九）『浪花女』（一九四〇）『芸道一代男』（一九四一）の三部作をいう。しかし『浪花女』と『芸道一代男』のフィルムは現存しない。芸道物の作品としてただひとつ残っている『残菊物語』には、いく

図2　『浪華悲歌』カメラに向かって近づいてくるアヤ子（山田五十鈴）

つかの素晴らしいワン・シーン＝ワン・ショットがある。たとえば、大阪歌舞伎にでている主人公の二代目尾上菊之助（花柳章太郎）が、芝居小屋から間借りしている家まで帰るシーン。これは、先にあげた『滝の白糸』の不完全なワン・シーン＝ワン・ショットの映像より数段の進歩をとげている。さらに『残菊物語』には、一度見たら記憶から消えることのない名高いワン・シーン＝ワン・ショットが初めの方にある。菊之助とお徳（森赫子《かくこ》）が川端を歩きながら話すシーンを、仰角《ぎょうかく》で撮った長いワン・シーン＝ワン・ショットがそれだ。夜の川端を、お徳が右手から子供をあやしながらやってくる。カメラも右手から左手へ極端なロー・アングルの移動で彼女を撮っている。ちょうどそこへ、左手から芝居のはねた菊之助が人力車に乗って通りかかる。彼はお徳に気づき、人力車を降りる。それからの二人のやりとりは、仰角のまま、今度は左手から右手へと、ゆるやかな移動撮影で延々とつづく。舞台俳優である二人の演技力は、ワン・シーン＝ワン・ショットゆえに引きだされ、わたしたちは映画でありながら、あたかも演劇の一場面を見る思いがする。まさしくこれこそ溝口の狙いであったろう（図3）。

しかしながら封切り当時、映画評論家の清水晶は『残菊物語』についてきびしい論評を浴びせている。彼はここのワン・シーン＝ワン・ショットを巧みであると評しながらも、「お徳が一介の無教育な雇女にすぎないことを思えば、彼女が菊之助の芸をもっともらしく批判し、菊之助がそれに素直にきき入れることに甚しい嘘を感ずる」(7)とし、お徳が梨園の役者を立ち直らせるという物語は空々しいと述べている。多くの映画評論家はかつても、そして今でも、描かれた映画の内容批評に熱心であるが、まさしく彼の批判はその典型的なものである。

さらに清水は、つぎに溝口が撮った芸道物、人形浄瑠璃の三味線弾きの名人豊沢団平（坂東好太郎）と後妻のお千賀（田中絹代）を主人公にした『浪花女』（図4）につ

図3 『残菊物語』川端を歩く尾上菊之助（花柳章太郎）とお徳（森赫子）

いて、もっと辛辣な評価をくだしている。

こちらの作品評では、溝口のワン・シーン＝ワン・ショットについても以下のように噛みついている。

団平の語り手として不入りの当面の癌と目される愚直な大隅太夫の惨めなるべき姿が、川浪良太郎の罪もあってひどくコミカルにされ、殊に夜海岸で苦吟する彼のびしょ濡れの姿を正面からバストで一カットはさんだ安っぽさの如きは、溝口健二にあるまじき演出である。（中略）

技巧的には、『残菊物語』の場

合よりいくぶんカメラも近く、アングルも動いているとはいえ、何にしても相変わらず独自のフル・シーンと長カットの連続であるが、『残菊物語』に於てはそうしたカットがしばしば頗る豊富なものを滲ませて極めて雄弁であったに引較べて、今度はまた何とした艶のない空しさであろう。（中略）『残菊物語』の際は、その一カット一カットの、時には艶光りする雄弁な効果故に、敢て映画的であるとかないとか機械的な論議を俟《ま》つまでもなく、これを讃えこそすれ、排撃してかかる気は毛頭なかったが、それだからといって、それがこうして形骸的に無意味に趣味化することは今後厳に猛省してほしい[8]。

ここまでいえば、清水は溝口の世界を嫌いなのではないだろうか、つまり、清水は無意識かもしれないが、溝口の独特な女性観を嫌悪しているのではないだろうか、と疑いたくなる。それと同時に、彼の批評から、これらの芸道物の作品において、溝口が積極的にワン・シーン＝ワン・ショットの映像に取り組んでいたことがよくわかる。結果としていえることだが、その後の溝口は、清水の考えとは裏腹に、ワン・シーン＝ワン・ショットの多用をやめることはなかった。

カメラマンの意見はどうだろう。『祇園祭』（一九三三）以降、『神風連』（一九三四）

図4　『浪花女』のスチール写真：豊沢団平（坂東好太郎）とお千賀（田中絹代）

『折鶴お千』（一九三五）『浪華悲歌』『祇園の姉妹』（一九三六）『愛怨峡』（一九三七）『残菊物語』『浪花女』、『宮本武蔵』（一九四四）『歌麿をめぐる五人の女』（一九四六）などの撮影を担当した三木稔（滋人）の言葉に耳を傾けてみよう。

溝口さんは、演技を途中で切るのは観客に不親切だと考えていたようだ。1シーン・1カットだと映画的なごまかしがきかないので、常に最高の演技や技術が要求され、演技もスムーズに流れて見事な盛り上がりを見せたのだった。とくに「残菊物語」は花柳さんの最初の映画だったから、溝口さんは「観客が舞台を見るように遠景中心で、それも50ミリは見飽きているから広角レンズで行こう」と言う。私はすぐ、やりましょうと答えたが、不安もあった。広角で長い横移動したら、画面をよこぎる柱などが歪むし、屋根の高さも考えなくてはならない。焦点深度は深くなるが、その分、実際の距離感と違ってくる。これはよほど美術の水谷浩君と相談する必要があるなと思った。(9)

その結果、『残菊物語』の美術を担当した水谷浩は、川端に立ち並ぶ建物を低く作った。しかも広角レンズを使用し、パン・フォーカスでここのシーンを撮っているため、図3でわかるように、広く大きな空間の川端を、菊之助とお徳が歩いているように見えるのである。

映画館で見た作品をテレビで見て、それが実際に映画館で見た印象とあまりにも異なり、驚くことがよくある。その理由のひとつにショット内における人物のサイズの問題がある。スクリーンで見た大きさと異なり、テレビが大型化したとはいっても、家庭で見るテレビに映される人物はずいぶん小さくなる。このような現象は溝口の作品、それもとくに戦前の作品にあてはまる。この理由は、溝口映画に、彼の映像の特質である舞台を眺めるような、やや遠くから見たショットが数多くあるためである。ワン・シーン＝ワン・ショットで撮影されているにもかかわらず、登場人物が小さくテレビに映されていると、彼らの演技ではずいぶん生気のないものに見えてしまう。『残菊物語』の川端のシーンも、やはり映画館で鑑賞されるべきワン・シーン＝ワン・ショットなのだ。このような事実はつぎのような考えをもたらすだろう。ワン・シーン＝ワン・ショットとクロース・アップの少なさは表裏一体をなす映画術であり、先に引用した清水の酷評も、もとをただせばそこから生まれているようである。

Qという筆名を用い、『朝日新聞』の映画評で長いあいだ活躍した津村秀夫は、「溝口健二の技法について」と題して、一九四二年につぎのように述べている。

溝口健二監督の技法は、少くともトオキイ以後のこの数年間を回顧しても、そこに一貫して流れているものは、ワン・カットが時間的に甚だ長いということ、クロオズ・アップの使用が極端に少いということである。「祇園の姉妹」「愛怨峡」の昔より、近年の「残菊物語」「浪花女」「芸道一代男」などを見ても、彼独特の技法で押切っていて、クロオズ・アップの使用が僅少である。才能のない監督がああいう手法に身を委ねたら、収拾のつかぬ愚鈍な作品を作りかねない底のものである。(10)

津村のこのような言葉が示すように、おそらく、溝口の映画術に横たわるワン・シーン＝ワン・ショットの多用とクロース・アップの少なさという特徴は、戦前からつとに知られていたと思われる。清水は『浪花女』において、溝口の映画術を支えるこれらふたつの関係が収拾つかなくなったと判断したのである。

溝口のようなワン・シーン＝ワン・ショットを映画術にかかげた作品の到達するところはどこであろう。それはアンディ・ウォーホルの作った映画であろうか。『キス』（一九六三）や『エンパイア』（一九六四）はワン・シーン＝ワン・ショットの代表的な作品といえるだろう。たとえば『エンパイア』はエンパイア・ステート・ビルの上部を、一六ミリの白黒フィルムで撮った上映時間が八時間のサイレント映画である。カメラを回しっぱなしにして撮ったかのように見えるが、もちろんフィルムには長さの制限があるので——撮影者は個人映画の名作『リトアニアへの旅の追憶』(一九七二)を撮った映像作家ジョナス・メカス——カメラのフィルムを交換して撮影されたはずである。しかし、外見上はワン・シーン＝ワン・ショットに見えるウォーホルの映画は記録映画に近いもののように思われる。溝口が実現したのは劇映画においてである。いわば人工的な、もっと巧緻な世界である。ウォーホルをポップ・アートの画家としてもっとも有名にした作品に、キャンバスにコカ・コーラの瓶やキャンベル・スープの缶をシルクスクリーンで、ほとんど無造作に、数多く繰り返し刷ったものがある。『キス』や『エンパイア』におけるウォーホルは、キャンバスという平面ではなく、映像というジャンルで、今度は時間を相手に、同じものの繰り返しを表現したといえる。こちらの場合はキャンバスではなく、スクリーンにキスをする男女やエンパイア・ステート・ビルが繰り返し映写されるのである。

日本ではほとんど知られていないが、ハンガリーにミクローシュ・ヤンチョーという映画監督がいる。わが国では『密告の砦』(一九六五)や『ハンガリアン狂詩曲』

（一九七八）が封切られているだけであるが、彼の映画はヨーロッパにおいて高い評価を得た。

彼の作品において、なによりも驚くことはその映像様式である。物語はページェント（野外劇）のように演出され、ほとんどカットのない、長回しのワン・シーン＝ワン・ショットでその映像が展開されてゆく。『ハンガリアン狂詩曲』ではカット数も多く、彼の映像の特徴がやや抑えられている。しかし、たとえばヤンチョーの代表作のひとつである『赤い聖歌』（一九七二）は、十九世紀末の農民の反乱とそれを抑えようとする軍隊の動きが、野外での群衆による舞踏劇のように演出されている。そしていくつかのカットだけで、この作品が終わってしまう。溝口が俳優たちの演技を舞台のように見せたかったためにワン・シーン＝ワン・ショットを採用したことを知ると、ヤンチョーもまたページェント的芝居を溝口以上に徹底したワン・シーン＝ワン・ショットで撮影したことは偶然の一致ではないだろう。映画が演劇という要素を持つかぎり、ワン・シーン＝ワン・ショットはかぎりなく魅力的な映画術なのだ。

カメラマンと映画監督

溝口におけるワン・シーン＝ワン・ショットを考えるとき、撮影時のカメラマンについても触れなければならない。とくに、溝口とまったく異なる映像を作る小津映画のカメラマンと、溝口映画のカメラマンを比較してみると、おもしろいことに気づく。小津の場合、青木勇撮影の『懺悔の刃』『母を恋はずや』、野村昊《ひろし》撮影の『突貫小僧』、杉本正二郎撮影の『出来ごころ』『一人息子』を別にすれば、戦前に撮った作品のカメラマンは茂原英雄（英朗）である。一九三七年の『淑女は何を忘れたか』では、初め茂原が撮影を担当したが、途中から厚田雄春（雄治）に撮影がかわっている。この作品以降、小津が松竹で撮った作品のすべては厚田が撮影を担当している。戦後、新東宝で撮った『宗方姉妹《むねかたきょうだい》』では小原譲治、大映で撮った『浮草』では宮川一夫、東宝で撮った『小早川《こはやがわ》家の秋』では中井朝一というように、それぞれ各映画会社の名カメラマンが撮影を担当しているが、これらの三作品は、小津のスタイルが完全にできあがったあとなので、カメラマンが代わってもその映像の質にほとんど変化が感じられない。三作品のなかでは、小原譲治がカメラを担当した『宗方姉妹』が小津調のうまくでていない映像のように思われる。小原が松竹の撮影部にいたということもあって、この作品の撮影にあたっては、小津はずいぶんと気ままにカメラのファインダーを覗き、自分で映像をきめていたというが、やはり初めての他社でのメガフォンなので、なにか遠慮や違和感のようなものがあったのかもしれない。そして大映で撮った

『浮草』には、それまでの小津映画のショットと異なる空間的な広がりや色調を感じるが、これもまた、他社での仕事ということや宮川一夫カメラマンへの遠慮が働いたせいかもしれない。このようにみてくれば、基本的には、小津の映画は茂原英雄と厚田雄春の二人のカメラマンによって撮られたといえるだろう。

小津と同様にというより、小津以上に同じカメラマンと仕事をした監督がいる。それは亡くなるまでに四十九本の映画を撮った木下惠介である。彼は一九六七年に『なつかしき笛や太鼓』を撮ったあと、衰退の一途をたどっていた日本の映画界を離れ、テレビ界に活躍の場を移す。その後しばらくしてから、『スリランカの愛と別れ』（一九七六、撮影中井朝一）『新・喜びも悲しみも幾歳月』（一九八六、撮影岡崎宏三）『父』（一九八八、撮影岡崎宏三）など六本の作品を撮っているが、『なつかしき笛や太鼓』までの四十三本の作品中、『陸軍』（一九四四）を除き、楠田浩之が木下作品のカメラを担当している。

木下は『花咲く港』について語ったとき、楠田とコンビを組んだ理由をこのように述べている。

カメラは楠田（浩之）君で、矢張り第一回です。

楠田君とはカメラのときからの仲良しで、僕がカメラにはいって一年ばかりあとからきた人です。小原譲治さんの弟子です。僕も苦労してた時でしょう。こんないやな社会はないとおもっているところへ、坊っちゃんみたいなのがはいってくると可哀そうになっちゃう。これがまたおなじように苦労をして、いつカメラマンになれるかわからないのに、悪いことは覚えるし、もまれるのかとおもうと。だから第一回に僕が監督するときには君のカメラで廻そうねと約束していたのです。(11)

つまり、木下映画は処女作品から彼のカメラマンで撮影された。ここにはスタッフの面倒見がよかったといわれる木下の姿がある。つけ加えるなら、楠田浩之が『陸軍』の撮影を担当できなかったわけは、彼が応召していたためである。

それでは溝口の場合はどうだろう。小津や木下と異なり、溝口映画はさまざまなカメラマンによって撮影されている。彼の作品を撮ったカメラマンをあげてみよう。高坂利光、岩村友蔵、渡辺寛、青島順一郎、祝田昌平、内田静一、内田斉、横田達之、気賀靖吾、伊佐山三郎、松沢又男、三木茂、三木稔（滋人）、杉山公平、生方敏夫、小原譲治、宮川一夫、玉井正夫、平野好美など。このうち青島、内田静一、横田、三木稔、杉山、宮川が四本以上の溝口作品を撮影しているが、とりわけ重要なカメラマンは初期における横田達之と中期における三木稔のように思われる。たしかに杉山公平や宮川一夫もすぐれた溝口作品を撮っているが、彼らは溝口映画では後期にあたる作品を撮影したわけで、それらが傑作であっても、すでに溝口の芸術様式がほとんど完成したあとのカメラマンといえないだろうか。

溝口は作品数も多く映画会社を転々としたことも要因であるが、小津や木下とくらべると、こんなにも多くのカメラマンと組んで仕事をしている。しかし、フィルムの残っている作品から判断するかぎり、溝口健二の多くの作品が溝口的なのである。カメラマンが代わることは、彼の映画にとってあまり関係のないことなのだろうか。このことは映画がカメラを使った芸術であること、そして、とりわけ小津のように、ファインダーまで覗き、徹頭徹尾、自分の好む構図を追求した監督の存在を思うとき、溝口とカメラマンとの関係は実に不思議である。

Ⅱ　憧れのエルンスト・ルビッチ

エルンスト・ルビッチ監督（1892年1月28（?）日～1947年11月30日　中央）と『結婚哲学』の出演者たち

映画を描く小津映画

劇中劇ならぬ映画中映画とでも表現したらよいように、小津の映画にはさまざまな形で映画が引用されている。

そのなかで、もっとも目立つものが映画のポスターではないだろうか。この傾向はとりわけサイレント作品に強く、たとえば、主人公が住む学生の下宿や彼らの出入りする場所に、ビジュアルな小道具のひとつとしてポスターが貼られている。映画のポスターの映っている作品を製作年代順に紹介してみよう。(1)

○『学生ロマンス 若き日』

7th Heaven（『第七天国』） 斎藤達雄の下宿

○『大学は出たけれど』

Speedy（『ロイドのスピーディ』） 主人公夫婦の部屋

○『朗かに歩め』

Our Dancing Daughters（『踊る娘達』） 阪本武の会社の壁

○『落第はしたけれど』

Charming Sinners（『美貌の罪人』）　学生下宿の部屋

○『その夜の妻』

Broadway Scandals（『ブロードウェイ・スキャンダル』）　岡田時彦の部屋（アトリエ）

○『非常線の女』

The Champ（『チャンプ』）　ボクシング・ジム

図1　『母を恋はずや』のチャブ屋に貼られた外国映画のポスター：上から『雨』『ドン・キホーテ』『にんじん』

A l'Ouest, rien de nouveau（『西部戦線異状なし』）水久保澄子の部屋

○『母を恋はずや』（図1）

Rain（『雨』）

Don Quichotte（『ドン・キホーテ』）

Poil de Carotte（『にんじん』）以上三枚ともチャブ屋

戦後の作品になると目立たなくなるが、いくつかの作品に映画のポスターを発見できる。たとえば、『東京物語』では杉村春子の美容院に、『シミ抜き人生』と『きんぴら先生とお嬢さん』（ともに松竹、一九五三）のポスターが貼られている。『お早よう』では大泉滉の文化住宅に、少し判別しづらいが、ルイ・マルの『恋人たち』（Les Amants）のポスターが貼られている。『秋刀魚の味』では東野英治郎の営む燕来軒近くのトタン塀に、『切腹』（松竹、一九六二）のポスターが貼られている。

今まであげたものはわたしの記憶にはっきり残っているものだが、ほかにも、たとえば『淑女と髯』や『青春の夢いまいづこ』のように、映画のものらしいポスターを目にする作品が存在する。

これらのポスターは、意味もなく使われたと思われるものもあるが、物語と関連づ

けて使われている場合も少なくない。『学生ロマンス 若き日』においては、山本（斎藤達雄）の下宿に転がり込んだ渡辺（結城一郎）が『第七天国』のポスターを見て、「質屋」にゆくことを考える。異母兄弟の物語である『母を恋はずや』における『にんじん』のポスターは、物語の展開と関係しているといえるだろう。また、『非常線の女』の『チャンプ』のポスターは、主人公の襄二（岡讓二）が以前ボクシングをしていたことや、彼に憧れる学生（三井秀夫）がボクサーに憧れていることと関係している。『東京物語』の美容院に見受けられる『シミ抜き人生』（野崎正郎監督、一九五三）のポスターは、杉村春子演じる志げや彼女の経営する下町の美容院の雰囲気を表現しているだろう。

映画に関する引用では、ポスターのほかに、映画俳優の名前がある。小津映画の登場人物はいくつかの作品で、俳優の名前を使った冗談めかした台詞を話す。

○『晩春』

叔母のまさの家で、紀子に見合い相手の男を説明している。

まさ「ほら、なんとかいったっけ、アメリカの……ね、こないだ来た野球映画のさ、あの男……」

紀　子「ゲーリー・クーパー？」
ま　さ「そうそう、クーパーか、あの男に似てるの。口元なんかそっくりよ。
　（自分の額から上を右手でさえぎって）この辺から上は違うけど」
物語の後半での、北川アヤと、見合い相手と結婚することになった紀子のやりとり
では、この台詞を受けて、再びゲーリー・クーパーが登場する。
ア　ヤ「好い男？　どんな人よ」
紀　子「叔母さんはゲーリー・クーパーに似てるって云うんだけど」
ア　ヤ「じゃ凄いじゃないの、あんたはむかしっからクーパー好きじゃないの」
紀　子「でも、あたしはうちにくる電気屋さんに似てると思うの」
ア　ヤ「その電気屋さんクーパーに似てる？」
紀　子「うん、とてもよく似てるわ」
ア　ヤ「じゃその人とクーパーと似てんじゃないの！　何さ！」

○『麦秋』
丸ノ内にある会社の専務、佐竹の部屋を訪ねた築地の料亭田むらのアヤ。佐竹の秘書をしている紀子の見合いの件が話題になる。

佐　竹「（紀子は）だれかに惚れたことないのかい？」
ア　ヤ「さア、ないでしょ、あの人。――学校時分ヘップバーン好きで、ブロマイドこんなに集めてたけど……」
佐　竹「なんだい、ヘップバーンて」
アヤ「アメリカの女優よ」
佐　竹「じゃ、女じゃないか」
アヤ「そうよ」
佐　竹「変態か？」

○『お茶漬の味』
銀座で洋装店を開いているアヤを訪ねた妙子と節子。二階にあるアヤの仕事場での三人の会話。
節　子「（略）（妙子に）ね、叔母さま、あたしもう出かけないと……」
妙　子「そう。行ってらっしゃい」
アヤ「どッか行くの？」
節　子「え、、ちょいと……」

アヤ「どこ？」
妙子「ピカデリーよ」
アヤ「あ、ジャン・マレー？……節ちゃん、あゝいう男の人すき？　どんなとこがいゝの？　顔の上と下とに分けて、上？　下？」

すると、節子は「行こうッ！　さよならッ！」といって出掛けてゆく。このような展開は、冒頭にあるハイヤーのなかでの妙子と節子の会話、「だれ出てンの？　その映画」「ジャン・マレー。とても素敵なんですって。叔母さまもどお？」「今日はいや」を受けたものである。

小津は『晩春』と『麦秋』のあいだに、戦後の作品としてはもっともつまらない『宗方姉妹』を撮っている。そして『麦秋』のつぎに『お茶漬の味』を撮る。つまり、一九四九年の『晩春』から一九五二年の『お茶漬の味』までの四年間に、一年に一本のペースで撮られた四本の作品中三本に、ゲーリー・クーパーやキャサリン・ヘップバーンやジャン・マレーという有名俳優が台詞になって取り込まれていることがわかる。この時期、自作に映画を使うという小津の映画的遊戯が、ポスターから台詞へと変化していた。

図2　エルンスト・ルビッチが監督した『百万円貰ったら』のチャールズ・ロートン

小津には、映画の映像そのものを素材として採用した時期がある。『東京の女』と『一人息子』の二作品のなかに、彼は主人公たちが外国映画を見ているシーンを設けている。『東京の女』では、のちに姉の裏の仕事を知って、自殺することになる弟の良一（江川宇礼雄）が、恋人の春江（田中絹代）と仲よく『百万円貰ったら』（一九三二）を見ている（図2）。

では、なぜこの作品で二人が映画を、しかも、『百万円貰ったら』を見るのだろうか。一九三〇年代の都会の恋人たちにあっては、洋画を見に行くことがもっとも人気のあるデイトのひとつだったと考えるべきだろうか。恋人なら映画館にゆくことに不思議はない。小津は『東京の女』について「これは大変急ぎの写真でね、撮影は八日位だったかな。本も書き上げないうちに掛ったんだ」と語っている。このような早撮りは、とても戦後の小津には考えられないことである。小津にとってこの作品は泥縄式のものであったため、手っ取り早い映画作りのひとつとして、映画を見ているシーンを設けたとも考えられる。しかし、それだけではなぜ二人が『百万円貰ったら』を見たのか、説明がつかない。ここで重要なことは、彼らが見ている映画のシーンを撮った監督の正体である。『百万円貰ったら』はパラマウント映画の記念作品で、七人の監督が撮ったオムニバス映画である。小津が『東京の女』に引用したのは、エルンスト・ルビッチ[2]の撮った、銀行で働くチャールズ・ロートンがたまさか金持ちから百万円という大金を与えられたので、頭取を罵倒し、銀行を辞めるという一話である。そして『東京の女』に使われた箇所は、仕事中のロートンが受け取った手紙を開封後、自分の席を離れ、階段をのぼって、頭取の部屋にいくシーンであった。

『一人息子』では、息子（日守新一）が信州からやってきた母（飯田蝶子）を連れて、東京見物のひとつとして映画見物をする。彼らが見る映画は、わが国では一九三五（昭和十）年に公開されたヴィリ・フォルストの『未完成交響楽』（一九三三）である。

二人はシューベルトを愛する伯爵令嬢が大きく映っている画面を見ている。小津がこの作品に親子で映画を見ているシーンを設けた理由は明白である。『一人息子』が小津にとって初めてのトーキー作品であるため、脚本を書いた小津や池田忠雄たちはそのことを意識させるために、このようなシーンを用意したと考えられるだろう。もちろんこれは、小津的な遊びである。客席で見ている親子のショットになると、息子は母に「これがトーキーっていうもんですよ」と説明する。この台詞は、ほかの監督より遅れてトーキー作品に手をそめた小津が、この作品はサイレントではなく、トーキー映画なんだと、自分自身に語りかけている言葉のように響く。と同時に、小津と組んで長年仕事をしてきたカメラマン茂原英雄への約束も果たしたと、実生活においても茂原の妻である飯田蝶子へ話しかけているかのようである。というのも、このことはよく知られていることであるが、小津が一九三六年になってようやくトーキーで劇映画を撮った理由を、「僕一人はいきさつがあって、ずっと後までサイレントで頑張ってた。キャメラの茂原君、彼が当時自分のトーキーを研究しててね、僕は出来たらそれを使うと約束してあったんだ。だから蒲田でやっている土橋式は僕は使わなかったわけなんだよ」と、「自作を語る」の『また逢ふ日まで』について述べた箇所で説明している。

蒲田撮影所では一九三一年に、五所平之助が土橋《つちはし》式フォーンという方式で、本格的なトーキー作品『マダムと女房』を撮っている（図3）。そして一九三三、三四年頃には、日本の映画界では多くのトーキー映画が製作され、サイレント映画が終焉を迎えようとしていた。それにもかかわらず、小津はトーキー作品を撮らず、茂原英雄への義理立てから、茂原式フォーンの完成を一九三六年まで待っていたのである。

ルビッチと『結婚哲学』

小津の映画には外国映画の影響があるとよくいわれる。(3) このことは、先に紹介した小津映画に使われた映画のポスターが示しているだろう。なかでもエルンスト・ルビッチ（一八九二〜一九四七）は、小津がもっとも敬愛した監督のひとりである。ルビッチは、ビリー・ワイルダーが脚本を書き、グレタ・ガルボが主演したロマンチックコメディ『ニノチカ』などで知られる監督である。

小津がルビッチ監督を好きだった証拠のひとつは、『東京の女』の原作者がエルンスト・シュワルツとなっていることである。この名前はエルンスト・ルビッチと、『狂乱のモンテカルロ』などを撮ったドイツの監督ハンス・シュワルツを合成した架空のものである。小津は『東京の女』において、原作者の合成名をはじめとして、好

図3　土橋式フォーンを使った『マダムと女房』の撮影風景

きな監督の映画からの引用までして、ずいぶんと遊んでいたことになる。

ルビッチは一九二〇年代の日本の映画界に強い影響を与えた。当時の映画雑誌『映画評論』には彼を特集した号があり、ほとんど彼に関する記事で埋まっている。たとえば、その中の「ルビッチュ瞥見」という評に、「『結婚哲学』はチャップリンの『巴里の女』に次いで世に出て、映画技巧の革命を興したとまで言われる作品である。彼はこの映画でありとあらゆる巧緻な映画技巧を駆使して見せた。頭の利く彼の本領がまざまざとこの映画に見られる[4]」とある。

小津が監督について残した言葉のな

かでも、ルビッチについて触れたものがきわめて多いことを考えると、おそらくルビッチの映画には、小津の映画術を理解するうえで重要なことが含まれていると推測できる。とりわけルビッチの撮った『結婚哲学』(原題MARRIAGE CIRCLE、一九二四、図4)を持ち出し、小津はほとんど同じことを繰り返し語っている。では実際のところ、小津はエルンスト・ルビッチのなにを、どのように受容したのであろうか。
つぎに、重要と思われる小津の発言をいくつかあげよう。たとえば「小津安二郎との一問一答」(『キネマ旬報』一九三三年一月十一日号)では、小津はこんな具合に述べている。

僕はオーヴァラップというやつが嫌いでね。『お嬢さん』には、二つしか使っていません。フェイドの多いのも感心しませんが、オーヴァラップを濫用するなら、寧《むし》ろ、カットで行きたいと思います。併《しか》しオーヴァラップでも、偉い監督が有効に使うと素晴しい効果があります。例えば『結婚哲学』で、饒舌を表現するために使われたそれなど、美事なものでした。オーヴァラップも、たしかに映画表現の一つの方式には違いありませんが、卓れた人が使うべきで、みだりに用うべきものではありません。

図4　ルビッチ監督『結婚哲学』のタイトルページ

小津は、この発言とほとんど同じといっていいほど似ている内容を、一九四二年六月号の『日本映画』に載った「小津監督に物を聴く対談」でも口にしている。

オーヴァラップは嫌いですね。これはフェイド・イン・アウトなどと較べて遥に嫌いです。あの映画のオーヴァラップはよかったという外国映画を見ても一向に感心しません。強いて云えば無声時代のルービッチの『結婚哲学』の女同士の会話とか、チャップリンの『巴里の女性』での壁にかかった額などの使用法が最上のもので、僕も初期の『会社員生活』というのに一度使いましたが、使えば仲々便利で、まことにそれは簡便な方法ではあるけれども、どうも感心した技法ではないと思うのです。

なんという一致。九年たっても、小津はルビッチの『結婚哲学』を、オーヴァーラップの最上の例として紹介している。そしてフェイド・イン、フェイド・アウトを嫌っている。もう例としてはあげないが、戦後になっても、小津はオーヴァーラップについて話すとき、ルビッチの『結婚哲学』を持ち出しているほどである。

小津はまた、ルビッチの映画術についてつぎのようなことも語っている。同じく「小津安二郎との一問一答」からである。

監督者としてのルビッチュの偉さについては、例えば、こんなところにも判ります。即ち、僕なんかだと、人物が三、四人いて、そのうちの一人が靴の先きで床なら床を叩くところがあるとすると、直ぐその男の靴の先きで床を叩く大写をその間に挿入しなければ気が済まないのですが、ルビッチュあたりになると、四人なら四人の人物を全部ロングのうちに収めて、その中で芝居をさせながら、しかもそのうちの一人が靴先きで床を叩く姿が、ハッキリ僕達に感じられるような監督ぶりなのです。大写なんて、余程の場合でないと用いないのです。そんな大写など使わないで、使った以上の効果をだすのだから凄いものです。

言うまでもなく、ここで小津が用いた「大写」という言葉はクロース・アップのことである。小津がここであげた例は、彼の西洋物の一本『朗かに歩め』における酒場のシーンで、数人のチンピラがじゃれあうショットを思い起こさせる。それにしても小津はなんとルビッチに心酔していることか。

ところで、ここの小津の説明には溝口健二が追い求めた映画術を垣間見ないだろうか。「溝口健二、反小津的カメラワーク」の章で、彼がクロース・アップの極端に少ない監督であることはすでに述べた。溝口は全体をロングで撮り、カットしてクロース・アップのショットを挿入することがほとんどなく、俳優たちの芝居を画面におさめるという困難な道を歩んだ監督である。

小津のルビッチ好きにはあきれるばかりだが、そこにはいくつかの明確な理由がある。オーヴァーラップの例だけでなく、たとえば、ルビッチの演出力をつぎのように評価している。

しかし、ルウビッチュは巧いね。あゝいう巧いのはちょっとないのじゃないかと思うね。採り上げる材料とか何かでなしにね。それをこなす演出力とか、場面の構成とか、映画監督でルウビッチュをけなす者はいないだろうね。これは「天使」なんかを見ても、ストーリーやシナリオなんかに対しては異議はあるけれども、与えられたあのものをやって居ることに対しては熱々《つくづく》と巧いと思うからね。(5)

とはいっても、小津がルビッチを闇雲に信じていたわけではない。小津はルビッチの『生活の設計』(6)(一九三三)を見て、その演技指導にがっかりしたようなことを述べたことがある。こうしてみてくれれば、まったく映画監督という職業から、小津はルビッチの作品を見て、評価していたといえるだろう。監督は評論家とはちがうのである。実際に作品を作ることはきわめて現実的な世界である。

小津がルビッチの影響を受けたとするとき、必ず持ちだされる作品は、彼が一九三七(昭和十二)年に撮った『淑女は何を忘れたか』である。麴町に住む医学部教授夫婦を主人公として、そこに大阪から遊びにきた姪を据えた、いわゆる「ソフィスティケーティド・コメディ」である。内容からいって、この作品は相当にルビッチの『結婚哲学』の影響を受けたといえる。両作品のもっとも大きな違いは、『結婚哲学』がサイレントであるのにたいして、『淑女は何を忘れたか』がトーキーであるという点である。しかし、このことに着目すれば、おそらく、小津が一九三〇年に撮った『結婚学入門』のほうが、より『結婚哲学』の影響を受けた作品と考えられる。というのも、『結婚学入門』もサイレント作品であり、主人公たちが、大学教授夫婦と歯科医夫婦なのだから。この組み合わせは、『結婚哲学』のストック教授夫婦とブラウン医師夫婦と酷似している。それにしても「おそらく」と書かざるをえないように、『結婚学入門』のフィルムが現存しないことはまったくもって惜しい。

オーヴァーラップ嫌いの小津

日本の映画監督にあって、小津はフェイド・イン、フェイド・アウトをもっとも早く捨てた映像作家である。一九二九（昭和四）年頃にはフェイドの使用に疑問を持ち、『その夜の妻』や『東京の合唱《コーラス》』を撮っていた頃には、ほとんどフェイドを捨てている。[7] 先に引用した言葉でわかるように、その小津がフェイド以上に嫌ったのがオーヴァーラップである。彼はオーヴァーラップを用いるのなら、カットでつなぎたいとまでいっている。

彼はオーヴァーラップを『お嬢さん』では二度、『会社員生活』では一度使ったと述べ、映画表現としてそれなりの便利さはあるが、すぐれた技法ではないと結論づけている。しかし、『お嬢さん』も『会社員生活』もフィルムが存在しないので、小津がどのような状況でオーヴァーラップを用い、オーヴァーラップを嫌いになったのか指摘できない。現存する小津作品では『学生ロマンス 若き日』や『その夜の妻』にオーヴァーラップの箇所を発見できる。(8)

『結婚哲学』で目につく映像はオーヴァーラップではないだろうか。この当時の映画にあっては移動撮影が用いられないことや、シーンやシークェンスの変わり目にフェイドが使われることが普通だったことを考慮すれば、この作品におけるオーヴァーラップの多さは指摘されなければならない。ルビッチは、楽譜のショットからピアノを弾きながら歌っているブラウン夫人のショットに移るとき、ブラウン夫人とストック夫人が饒舌に会話を交わすとき(図5)、医院の表札のショットから患者のショットへ移るとき、ストック夫人の写真からそれを見ている探偵のショットへ移るとき、ホテルに移り、服を片付けているロング・ショットのストック夫人からフル・ショットのストック夫人に移るとき、というように、オーヴァーラップをときおり交えたシーンを作っている。それは『結婚哲学』の基調となっているスタティックで単調な、そ

図5　小津が高く評価した『結婚哲学』のオーヴァーラップ

して品のよい画面に、ルビッチが変化を与えようと工夫した結果のように思われる。

小津が高く賞讃したオーヴァーラップは、ブラウン夫人とストック夫人が会話を交わすときのもので、ここではオーヴァーラップの繰り返しによって、彼女たちがお喋りをしている感じが効果的に表現されている。

小津が讃えるもうひとつのオーヴァーラップ、つまり、チャップリンの『巴里の女性』（一九二三）におけるそれとはどういうものであろう。小津はそれを「チャップリンの『巴里の女性』での壁にかかった額」と具体的に指摘している。しかしながら、不思議なことに、このようなショットは『巴里の女性』に存在しない。ピストルで自殺する青年が画家なので、壁にかかった額を写したようなショットがありそうであるが、わたしが見た『巴里の女性』にはそのようなショットは存在しない。この映画に存在するオーヴァーラップは二度、それもまったく同じ状況において用いられている。ショットの展開はつぎのようになっている。

（一度目）映画の冒頭のシーン
○主人公の家のロング・ショット。
○主人公の家のミディアム・ショット。
○主人公の家のクロース・アップのショット。
○その家の窓辺に立つ主人公のショット。
（二度目）映画の最後のシークェンスの冒頭のシーン（図6）
○恵まれない子供たちの面倒を見ている主人公の一軒家のロング・ショット。
○同じ家のミディアム・ショット。
○同じ家のクロース・アップのショット。
○家のなかのショット。主人公や子供たちがいる。

一度目では、家のロング・ショットから窓辺に立つ主人公のショットまで、かすかなオーヴァーラップで連続的に四つのショットがつづく。二度目では、一軒家のロング・ショットから同じ家のミディアム・ショットに移ったときと、同じ家のクロース・アップのショットから家のなかのショットに移ったときに、はっきりとわかるオーヴァーラップになっている。

小津が、『巴里の女性』には壁にかかった額のショットがあって、それが素晴らしいオーヴァーラップとなっていると述べたのは、単純な彼の記憶違いなのだろうか。戦後になっても、小津は素晴らしいオーヴァーラップの例として『巴里の女性』をな

図6　主人公の住む一軒家のロング・ショット、ミディアム・ショット、クロース・アップのショット、家のなかのショット（『巴里の女性』）

んどかあげている。ただしこのときには、「壁にかかった額」というような具体的なショットを持ちだしていない。一例を紹介する。彼の映画術がよくわかる発言である。

ぼくはほとんど移動、オーバーラップ（一画面が消えかかって次の場面が重なって出てくる方法）やフェイド（場面が漸次暗くなって消えたり、反対に段々明るくなって来る方法）を使わない。第一この手法は機械設備が余程よくないと画面がブレたり汚くなったりする。殊にオーバーラップは、手法上どうもごまかしの臭いもする。オーバーラップがごまかしでなく内容的に高度の表現として用いられた例ももちろんある。昔のルビッチの『結婚哲学』チャップリンの『巴里の女性』近くは『陽のあたる場所』等で、それを見た。その真似は容易にできるものじゃない。(9)

小津がこのように語ったのは一九五二年十二月の『東京新聞』においてである。彼のオーヴァーラップについてのこのような意見を知れば、画面が汚かったり、ごまかし臭かったりすることが嫌いだと主張しているといえるだろう。この言葉は、先に引用した「フェイドの多いのも感心しませんが、オーヴァラップを濫用するなら、寧ろ、カットで行きたいと思います」といういさぎよい発言と響き合う。小津にとっては、ひとつひとつのショットが明確であることがなによりも重要であった。

ところで、紹介した『巴里の女性』におけるオーヴァーラップのあるふたつのシーンは、三つの説明的な家のショットがあって、主人公や主人公たちがいる家の内部のショットとなっているが、このようなショット展開は、わたしに小津映画における場所を示すための説明的なショットを想起させる。それもとりわけ『秋刀魚の味』の冒頭のショット群を。

小津の遺作となった『秋刀魚の味』では、つぎのようなショットが冒頭に用意されている。

○五本の煙突のロング・ショット。
○煙突のミディアム・ショット。
○会社の窓から見える五本の煙突のクロース・アップのショット。
○T字形の会社の廊下のショット。社員の一人が奥の廊下を横切ってゆく。時計が四時十五分を示している。

小津はここで、遠・中・近の三種類のショットを用いて、つまり、ロング・ショット、ミディアム・ショット、クロース・アップで同じ事物を写し、物語の導入部となる場所を示しながら、ひとつのシーンを構成している。オーヴァーラップ嫌いの小津は、当然このシーンをカットつなぎによって処理しているものの、このようなショット展開は、『巴里の女性』から学んだのではないかと思わせる映画術である。学んだという表現が適切でないなら、かつて『巴里の女性』を見て、納得したショットを、小津が無意識のうちに『秋刀魚の味』で採用したというべきだろうか。小津が『巴里の女性』を見てから四十年ほどの歳月が流れてはいるものの、彼の心裡にあっては、『秋刀魚の味』のオープニング・シーンと『巴里の女性』に二度ある主人公の家を連続的に写したふたつのシーンが、オーヴァーラップ嫌いを超えて、ひそかにではあるが、確実に共鳴していたのではないだろうか。

Ⅲ　五所平之助、もう一人のルビッチ好き

五所平之助監督（1902年1月24日～1981年5月1日）

ルビッチの『結婚哲学』は、わが国で封切りされたのは一九二四（大正十三）年十月であるが、若き監督たちやその予備軍に少なからぬ影響を与えたようだ。なかでも、小津以上に『結婚哲学』の虜となったのは五所平之助（一九〇二～一九八一）である。五所平之助は妾腹の子として神田に生まれている。本宅の跡取りが夭死したため、彼が五歳のとき、実母のもとを離れ、徒歩で五、六分のところにある本家、大店の乾物屋へ跡継ぎとして迎えられている。

五所の映画界入りについてである。彼の実の妹春子は浜松の料亭「平田」へ養女にはいっている。そこへ、当時はまだ松竹本社にいた城戸四郎が遊びにきていて、五所は城戸と面識を持つことになる。文学や演劇が好きだった五所は劇作家になるつもりだったが、城戸は彼に映画監督を勧めたという。また、彼の父と島津保次郎の父が乾《ほし》海苔《のり》問屋の仲間であったことで、新進監督として評価されていた島津の口添えを得ることもできた。小津と同様に、五所も映画界入りは家族に反対されたが、ともかく、五所は関東大震災のあった一九二三年、つまり、小津と同じ年に松竹キネマ蒲田撮影所に入所している。ただし五月の入所なので、小津より三カ月だけ、映画界では先輩ということになる。当然、五所が助監督としてついたのは島津保次郎であった。

ところで新米助監督にちょっとしたエピソードが存在する。岸松雄によれば、「五所は震災の日に撮影所にいなかったかどで所長の野村芳亭の逆鱗にふれ、クビになる。白井信太郎にひろわれ、しばらく経理事務にたずさわったのち二四年再び蒲田撮影所に帰った」(1)。この事件の経緯について、岸は『人物日本映画史1』の「五所平之助」で詳述している。彼が震災のときに撮影所にいなかったのは、勉強熱心なあまり、自前で、島津の『罪の扉』(一九二三)を大阪までわざわざ見に行ったためである。五所は『剃刀』(一九二三)の途中から島津の助監督につき、そのつぎに関わった作品が栗島すみ子主演の『罪の扉』であった。結局、熱心さが認められたのか、助監督として働いておよそ一年半後、五所は監督に昇進する。岸は、彼が撮った最初の数本はできがよくなく、五作目の『当世玉手箱』(一九二五)は不出来のために未公開に終わったと書いている(2)。事実、五所自身も『当世玉手箱』については「こんなバカバカしい写真はだせないというお叱りを受けて、さあ、あれで二カ月も謹慎したかな。ぼくの記念すべき生涯のおクラものですよ(3)」と語っている。

このような苦境にあった新人監督の五所を助けた作品のひとつが、エルンスト・ルビッチの『結婚哲学』だった。彼は三作目の『青春』(一九二五)について、つぎのような事実を語っている。なお、この作品の原案は城戸四郎である。彼は新人監督にしばしば作品のネタを提供していた。

この「青春」はクロース・アップをずい分使った写真ですよ。ルビッチ張りのね。ぼくは大体ルビッチの作品が大好きなんで、あの人の手法を学ぶために「結婚哲学」を二十何回見ました。後年、ぼくの作品がクロース・アップを多く使って、カットを細かく割りながらその一つ一つに関連を持たせるようにしたのは、当時ルビッチを見ながら自分で研究したんです。そういう感じを出そうと思っていろいろやって見ました。だけれどもアップ、アップで行くものだからぼう大な長いものになって……。それともう一つ「パリの女性」みたいな、センチメンタルなロマンスを主題としたものです。ルビッチとチャップリンの感じが非常に好きだったんです。センチで、ほのぼのとしたもの、ああいった手法をずいぶん学びましたね[4]。

映画ファンなら、好きになった映画を二十回以上見ることはさほどたいしたことではないかもしれない。ましてや職業として映画監督を選び、しかも、自分の映画術が未熟できわめて不安定な新米監督の五所にとって、自分の映画作りの支えとなる作品に出会えたのだから、繰り返し見るのはしごく当たり前である。ヌーヴェル・ヴァーグの作家たちがいみじくも例証したように、すぐれた映画術を教えてくれるのはすぐれた映画にほかならない。

時期的に考えて、五所は前年の秋に封切られた『結婚哲学』に感動し、なんども見ながら『青春』を撮った。おそらく『結婚哲学』で学んだことは、即座に『青春』の映像にいかされたにちがいない。岸の言葉ではあるが、当時の五所作品のできはよくなかったのだから。このように書いてはみたが、監督自ら「ルビッチ張り」に撮ったと語る『青春』のフィルムは現存しない。そこで若き日の五所が撮った映像の一端を知ってもらうために、当時の『キネマ旬報』に載ったこの作品の映画評を紹介する。この批評を書いた佐藤雪夫はまず物語の概略を述べたあと、つぎのように五所の映画術を論じている。

大変によくまとまっているが、脚色とカッティングに難がある為徒《いたず》らに冗長に過ぎている箇所がある。フラッシュ・バックの使用は実に愚である、調子の狂った三味線の様にポツポツと変わるので見るものが機械の故障ではないかと笑っている。もう一つイマジネイションをダブルで表現しているのが如何にも児戯に等しい拙さを伴っている。併しこの映画の一番成功している点は青春と云う題名にふさわしい和やかさを持っていることである。テクニックはなっていないが撮影はなかなか奇麗である。⑤

佐藤はこのあと出演者の演技について述べ、この毀誉褒貶が入り混じった批評を閉じている。「イマジネイションをダブルで表現」とはオーヴァーラップをさすのであろうか。とすれば、それはおそらく二十回以上も『結婚哲学』を見て、五所が学んだ手法にほかならないと思われるのだが、『青春』ではその手法がきわめて未熟だったことを意味している。

五所は、彼の出世作といわれている『寂しき乱暴者』(一九二七)について語ったときも、自分の映画術について触れている。『青春』からおよそ一年半後の作品である。

これは三浦さんのカメラがよかったですね。ちょうど出発三年目です。この辺でやっと正監督になれました。島津先生がわれわれをいろいろとかばって教えてくださったことも幸いでしたね。口ではけなしても陰ではバック・アップしてくれたのですよ。それと、「母よ恋し」あたりからなにか形は措《お》いても心理的な気持ちが描けないことにあきたりなさを感じましてね、気持ちを描くことを考えて、そういうところからぼくのひとつの手法ですが、カットを細かく割って行く技巧を進めて来たのです。当時の映画界としてはそれは新しかったのですが、これも島津先生からのひとつの伝統ですね。いわゆる島津一家という、私にしろ、吉村、豊田、木下、中村、みなだいたい同じようにそれがあるでしょう。[6]

先に引用したが、『青春』について五所が述べた「後年、ぼくの作品がクロース・アップを多く使って、カットを細かく割りながら一つ一つに関連を持たせるようにした」という言葉は、おそらく、『寂しき乱暴者』あたりで実現されたのではないだろうか。残念なことに、『寂しき乱暴者』のフィルムも存在しない。

『マダムと女房』の音

おそらく多くの人にとってもそうだと思うが、わたしが見たもっとも古い五所作品は、日本初の本格的なトーキー作品『マダムと女房』(一九三一)である。一九七四年に京橋のフィルムセンター（現、国立映画アーカイブ）で催された「五所平之助監督特集」においても、この作品より以前のものは上映されなかった。つまり、五所がルビッチの『結婚哲学』などから得たクロース・アップの多用と細かなカット割りを具体的に裏づけることは、今の時点では、『マダムと女房』以降の作品でしか証明できないことになる。そこでまず、わたしたちが実際に見ることのできる五所作品としてはもっとも古い『マダムと女房』を例にとり、彼のいうクロース・アップの多用と細かなカット割りについて話をすすめてみたい。

とはいっても、正直のところ、五所のクロース・アップとカット割りのことで『マダムと女房』をとりあげることには若干の不安がある。なぜなら、この作品が松竹キネマ蒲田撮影所にとって初のトーキー作品のため、五所の注意が映像の問題以上に音の問題に占領されたのではないかと思われるからだ。ところが、わたしの心配が杞憂《きゆう》となるような言葉が残されている。五所は『マダムと女房』が初めてのトーキー作品ということもあってか、かなり長い思い出を語っている。そのなかで映画術についてはは、つぎのような興味深いことを述べている。

マイクロフォンもその当時のはアフレコもダビングもできないでしょう。その上、そこへどうしてサイレントで獲得した技術を入れるかということで悩んだのです。マイクを使うとロング・ショットでぐるぐる回すだけだ、そのなかにどうして自分の映画的な技術を入れるか。そこでキャメラを何台か使ってやるとか、レンズ・チェンジとカットで行くとか、移動するとか、なるべく映画的にしようとそういう工夫はずいぶんありました。⑦

台詞や音に影響なく、カット割りの多い映像をどうすれば実現できるだろうか。マイクを使うとロング・ショットでぐるぐる回すしかない状況を、五所は数台のカメラを用いて乗り切った。彼はこのことを別のところで「全部、同時録音で、音が切れないわけ。田園調布の野っ原で、プカプカドンドンやりながらカメラ廻すんですけど、私、サイレント時代からカットはこまかいほうでしたので、これにいちばん悩みましたね。それで思いついたのが、カメラを何台もつかって切りかえをやる方法。いまのテレビですね。結局、四台使ってやりました⑧」と述べている。

『マダムと女房』において田園調布の野原で撮ったと思われるシーンは、冒頭の野原で写生している画家と主人公の劇作家が喧嘩するシーンと、最後の劇作家夫婦が子供を連れて買い物から帰ってくるシーンのふたつである。後者の方では、向こうの隣家から「私の青空」が聞こえてくると、劇作家夫婦がそれに合わせて歌いながら、子供と一緒に家に向かうショットで映画は終わる。『マダムと女房』の撮影風景を写した写真がいくつか残されているが、それらのなかに、五所がいうところの「田園調布の野っ原で、プカプカドンドンやりながら」カメラを回して撮ったことを彷彿させる写真が存在する（図1）。二台のカメラに挟まれ座っているのが五所平之助である。彼の言葉にしたがえば、ミュージカル映画のワン・シーンのような最後の場面は、写真にあるような「宮田ハーモニカ・バンド」の演奏するプカプカドンドンに合わせて、いくつかのカメラを回して、同時撮影したことになる。

話のついでに、五所がこの作品の音楽について語った興味深い発言も紹介しておく。

> 音楽は宮田東峰さんがやってくれました。楽士さんは誰も応援してくれませんから、友だちだった宮田東峰ハーモニカ・バンドにたのんで、彼が映画の、音楽監督第一号ですよ。正確な記録はありませんが、準備から完成まで半年くらいでしょう。実際の撮影は一カ月くらいですが。とにかく初めてのトーキーということで、弁士が城戸さんの家へ日本刀を抜いて斬りこんだり、あたしもにらまれて、浅草に来たら、たたっ殺してやるなんて、こわい話がありましたよ。[9]

図1　田園調布での宮田東峰ハーモニカ・バンドとの撮影風景

　トーキー映画にたいして、反対の立場をとったのはなにも楽士だけではない。弁士たちも失職を考えて、トーキー映画に猛反対した。五所の言葉を補えば、サイレントからトーキーへ移行してゆく数年のあいだに、弁士たちの首切り、そして楽士たちの整理という状況があって、五所が述べたような物騒な事件が何度かあった。『マダムと女房』はその発端となった作品である。襲われた城戸自身も書いているが[10]、新聞で大きく報道された有名な事件がある。一九三五年三月二十七日の未明、トーキー推進派と見なされた城戸は本郷一丁目の自宅で、日本刀を持った二人の暴漢（映画館楽士の争議団関係者）に襲われている（図2、図3）。

『マダムと女房』は一時間にも満たない作品のわりには、カメラが動くショットやオーヴァーラップもあり、カット割りも多い。五所が「サイレントで獲得した技術」の片鱗と思われるものがそこにはある。しかし、わたしの危惧はやはり杞憂ではなかったといわなければならない。この作品では五所はトーキーに気をとられすぎているように思う。劇作家の隣家から聞こえるジャズを練習する音以外にも、チンドン屋、口笛、天井裏の鼠、目覚まし時計、双発機などというように、さまざまな音のシーンがある。つまり、脚本そのものがあまりにもトーキーを意識している。結果として、スタッフたちはこれらの音を実現することにきゅうきゅうとしていて、映画作りのていねいさに欠ける作品となっている。たとえば、隣家から突然聞こえてきたジャズがうるさいため、劇作家が脚本を書けなくなり、窓を閉めたときである。窓とカーテンを閉めても聞こえてくるジャズの音は一向に低くならない。いくら建て付けの悪い窓でも、閉めたら音はかなり低くならなければおかしい。これではリアリズムを無視した映画作りとしかいいようがない。

五所は『マダムと女房』のあとつづけて二本のサイレント作品を撮り、そのつぎにトーキーで『若き日の感激』（一九三一）にとりかかっている。この作品についても「トーキーにわれわれの獲得した映画技術をいかに入れて行くかということを考えて

讀賣　（水曜日）　夕　三月二十八日
城戸松竹専務邸で
抜刀二壮漢暴る
トーキー争議テロ化

図2　城戸邸が暴漢に襲われたときの記事（『読売新聞』1935年3月28日夕刊）

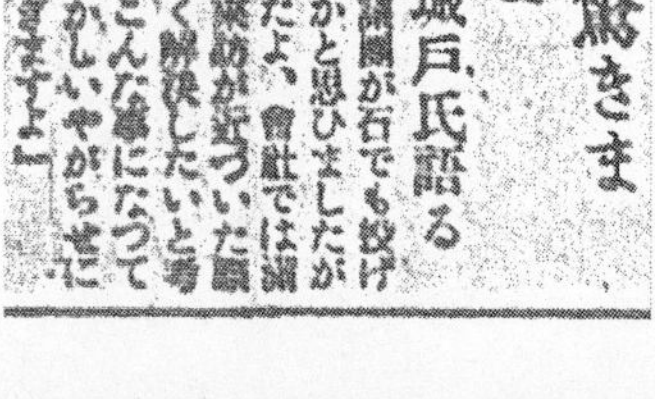

イヤ、驚きましたよ
城戸氏語る
「はじめは争議團が石でも投げこんでゐるのかと思ひましたがいや驚きましたよ、會社では満洲國皇帝の御来朝が近づいた際とて何とか早く解決したいと考へてゐたのにこんな事になつて残念です、しかしいやがらせにしては度がすぎますよ」

図3　その時の城戸四郎の発言（同紙）

いた」とか、「サイレント映画的な手法をとり入れてトーキーを生かして行く、こういう手法はもっとも映画としての面白さが出せるということを考えたのです[11]」と語っている。この言葉の内容は『マダムと女房』について述べたこととほとんど同じといえるだろう。このあと五所は、再びサイレント作品を一本撮り、つぎに『銀座の柳』(一九三二)と『天国に結ぶ恋』(一九三二)の二本をサウンド版(音楽入り映画)で撮っている。この時期の五所のフィルモグラフィーは、日本の映画産業がサイレントからトーキーへ移行してゆくときの様子をよく示している。

『恋の花咲く　伊豆の踊子』の映画術

映画発達史から見たら、これはありえないことのようだが、五所の場合、古いサイレント作品が現存せず、残っているもっとも古いものがトーキーである。五所のサイレント作品で残っているものでは、今のところ一九三三(昭和八)年二月に封切られた『恋の花咲く　伊豆の踊子』がもっとも古いと思われる。川端康成の中編小説『伊豆の踊子』は、鰐淵晴子、内藤洋子、山口百恵などを主役にして、何度か映画化されているが、わたしにはサイレント作品であっても、踊子役に田中絹代、学生役に大日《おび》方伝《なたでん》を配した五所作品が、もっとも素晴らしい『伊豆の踊子』である。ここに描かれた鄙《ひな》びた伊豆の風景こそが、川端の書いた『伊豆の踊子』の舞台に相違ない。岸松雄の思い出によれば、五所はこの小説の映画化を一九二九（昭和四）年にはすでに考えていたという。[12] それから数年後、五所は映画化したが、彼は『伊豆の踊子』をトーキーで撮りたかったと語っている。[13] サイレントで撮ることになったものの、映画化をずっと以前から考えていたことやトーキーで撮りたかったという事実を知れば、『恋の花咲く伊豆の踊子』にかける五所の熱意は想像できる。それゆえ、この作品には五所の映画術の基本となったものが、彼の言葉にしたがえば、「サイレント映画的な手法」が存在していると考えられる。

この作品にはクロース・アップのショットが頻繁に見受けられる。それらは、たとえば、主人公の顔のクロース・アップなどのような一般的なショットのほかに、主にインサート・ショットとして使う事物のクロース・アップのショットである。五所の映画では、ロング・ショットから人物や事物のクロース・アップのショットへ場面が変わることが多く、そのようなショットの変化によって、物語が生気を帯びることになる。一例として『恋の花咲く伊豆の踊子』の冒頭のシーンを紹介しよう。ここでは警察官が自転車に乗って、逃げた芸者を探しているという設定である。なお、Tはタイトルの略で、サイレント映画の字幕台詞を意味する。

○伊豆の山道を自転車に乗って猛スピードで走ってゆく警察官のロング・ショット。
○走っている自転車に乗っている警察官の背後からのクロース・アップのショット。
○伊豆の山道を自転車に乗って走ってくる警察官のロング・ショット。
○走っている自転車の前輪のクロース・アップのショット。
○道を自転車に乗って走っている警察官のロング・ショット。自転車を止めようとする。
○道路工事をしているので自転車を降りて、自転車を抱えながら、そこを通り過ぎようとする警察官のロング・ショット。手前に工事夫がいる。
○自転車を抱えて、通り過ぎようとする警察官のフル・ショット。手前に工事夫がいる。

T「旦那
何かあったん
ですか?」

○工事夫の顔を中心としたバスト・ショット。
○警察官の顔を中心としたバスト・ショット。

T「女が
　逃げたんだ」

このようにして『恋の花咲く伊豆の踊子』が始まる。見る者を物語へ導くためのオープニング・シーンとして、五所はまったく巧みなショット展開をおこなったといえる。ここのシーンが示すように、この作品はキネマ旬報ベスト・テン第九位と、当時の評価も高かった。脚本を担当した伏見晁が大きな物語のない川端の原作を巧みに潤色したこともあって、『恋の花咲く伊豆の踊子』はしっかりした二時間を超える長編の劇映画となっている。

この作品はショットの数が多く、しかも各ショットが短い。とすれば、なにか映像のテンポが速いように考えられるが、実際の作品からは逆に、ゆったりした、ときには冗漫な印象を受けるときがある。このような正反対の印象は、五所の映画術から生まれるものにほかならない。それは、ワン・シーンが必要以上に多くの短いショットによって構成されているため、結果的にワン・シーンが長くなってしまうことから生じる、奇妙な感覚といったらよいものである。五所は、たとえば二人ないし三人が話している場面を作るときも、単に一種類のロング・ショットやミディアム・ショットやクロース・アップのショットで彼らを撮るのではない。角度を変えて撮ったミディアム・ショットやクロース・アップのショットもいくつか用意している。つまり、さまざまなショットを混ぜて、二人ないし三人が話している場面を作ることをする。

五所の作るシーンでは、このように多様なカメラ・ポジションから撮ったショットがつづく。このことは往々にして、映像が饒舌になることや統一性に欠けることを意味している。『恋の花咲く 伊豆の踊子』には、この事実を示す例がいくつも存在するが、とりわけ踊子と学生のやりとりのときに、多彩なカメラ・ポジションから撮ったショットが登場する。たとえば、踊子（田中絹代）が東京に帰る学生を下田の港で送るシークェンス。踊子の兄が気を利かせて学生の切符を買いにいってから、二人が愛を語り、踊子が学生を乗せた船を見送るまでの映写時間はおよそ十分ほどあり、そこでは実に多種多様なショットが連なっている。なかには、写真好きの五所の趣味がですぎて、踊子に扮した田中絹代の美しい一枚の写真のようなショットがある（図4）。

クロース・アップのショットやカット割りの多いこと以外にも、この作品には、五所映画の映像の特徴がいくつか発見できる。とはいっても、それらは必ずしも納得するショットやシーンではない。問題のショットを含め、『恋の花咲く 伊豆の踊子』における五所の冒険をひとつ指摘しよう。

図4　踊子役の田中絹代の美しいショット（『恋の花咲く 伊豆の踊子』）

先に紹介した『青春』についての映画評にもあったように、五所は『恋の花咲く 伊豆の踊子』でも、フラッシュ・バックもしくはイメージのショットをいくつか挿入している。たとえば、主人公の学生（大日方伝）が先輩の家（湯川楼）に義憤を感じて乗り込み、そこの主人と話しているさなかに、踊子の兄（小林十九二《とくじ》）が借金したという証書を見て、彼の脳裏に踊子の兄の顔が横切る。ショットは小林の顔のクロース・アップを左から右へゆっくりパンしたショットである。これはあまりにもわかりがよすぎて、興ざめのショットであるが、ともかく五所は、平板に過ぎてゆくシーンに、人の顔の場合が多いのだが、このようなイメージとなるショットを挿入して、物語にアクセントを与えることをときおり試みる。ここのシークェンスには、このすぐあとに、一瞬ではなにを写したのかよくわからないショットまで挿入されている。それは温泉をひいてくる管と思われるもの（?）を写した、あまりにも芸術的なショットである（図5）。

ここでの五所は時間の経過を目論んだのだろうか？『恋の花咲く伊豆の踊子』がいくら温泉場の物語とはいえ、このまったく異質なインサート・ショットの闖入《ちんにゅう》に、わたしの思考はほとんど停止してしまうほどだ。五所が用いたこのような映画術は、戦後には捨てられてしまうのだが、『結婚哲学』にも発見できない、若き日の冒険心に満ちたショットといえる。

近くて遠い小津と五所

小津と五所のルビッチの『結婚哲学』の受容について考えてみると、両者のあいだに明確な差のあることに気づかないわけにゆかない。

前章で引用したように、小津はまずオーヴァーラップの好例として『結婚哲学』をあげている。そしてクロース・アップがなくとも、個々の出演者がなにをしているの

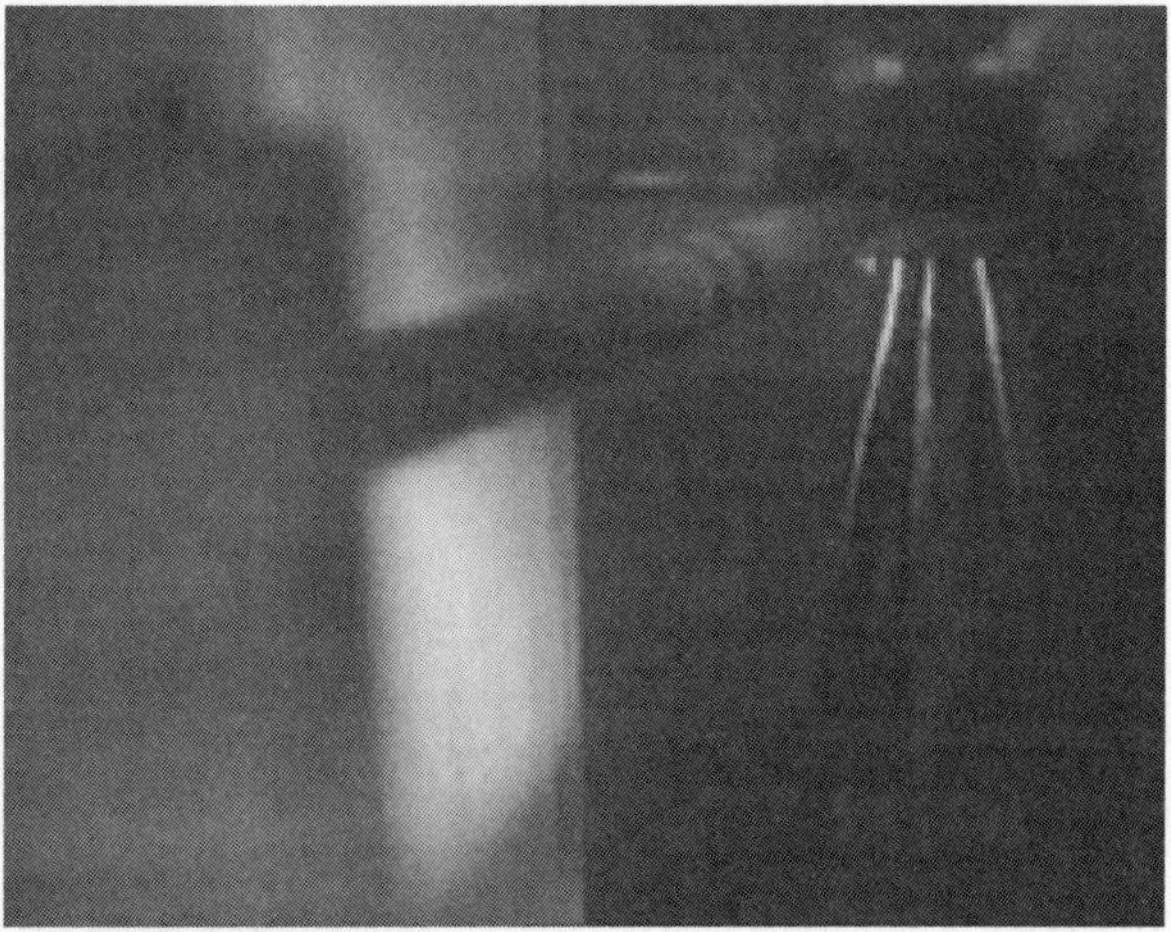

図5　なにを写したのかよくわからないショット（『恋の花咲く 伊豆の踊子』）

かよくわかる演出が素晴らしい、と述べている。これにたいして五所は、クロース・アップを多く使って、カットを細かく割りながらシーンを作ることを、『結婚哲学』から学んだと語っている。もちろん二人の監督が自分の思いをすべて口にしたなどとは思わないが、これでは二人は同じ作品を見たのだろうかと疑いたくなるほど、小津と五所の『結婚哲学』のとらえ方が異なっている。芸術家は他者の作品を受容しても、往々にして自分にとって必要なとらえ方をするが、『結婚哲学』にたいする二人はまさしくそうである。作品を論じる評論家と異なり、作品を実際に作る監督（作家）はほとんど自己中心的に、偏った作品のとらえ方を平気でする。小津と五所の『結婚哲学』の受容における差異は、芸術家にあっては不思議なことではないのかもしれない。

二人の監督はチャップリンの『巴里の女性』（一九二三）についても述べている。それだけ一時期、わが国では『結婚哲学』と『巴里の女性』が若き映画人の関心を惹いたことになる。それもそのはずで、これら二作品は両方とも一九二四（大正十三）年にわが国で公開され、『巴里の女性』はキネマ旬報ベスト・テン第一位、『結婚哲学』は同第二位と、当時きわめて評価が高かった。作品に批評家たちがこぞって順位をつけるのは映画の世界だけではないかと思われるが、「キネマ旬報ベスト・テン」の選出が始まったのはこの年度からで、当初は「芸術的優秀映画」と「娯楽的優秀映画」の二部門でベスト・テンを選んでいた。『巴里の女性』も『結婚哲学』も、「芸術的優秀映画」として評価されている。ついでに書けば、現在もおこなわれている「日本映画」「外国映画」の二部門での「キネマ旬報ベスト・テン」の選出が始まったのは一九二六（昭和元）年からである。

一九二四年から一九二五年にかけての映画雑誌には、映画評論家を含め、多くの人がこれら二作品について書いている。小津のように、その当時は発言する場所を持たなかった者は、後年、これらの作品について自分の意見を述べている。小津は、先に引用したように、『巴里の女性』においてもオーヴァーラップの件を持ちだしている。しかし、五所はどうだろう、この映画の「センチメンタルなロマンスを主題とした」ところがお気に入りだったと、「常に人間の愛を」において述べている。五所は『巴里の女性』に彼の好む「センチで、ほのぼのとしたもの」を探りあてたのである。[14]

『巴里の女性』を「センチメンタルなロマンスを主題とした」作品とする五所の意見には賛成できるだろう。この作品の最後では、主人公のマリーがパリでの放埒な生活をやめ、自殺した恋人の母と一緒に、恵まれない子供たちの面倒を見ている。そこはパリから九〇キロ離れた村という設定で、マリーは女の子を連れて、村人の荷馬車に乗せてもらい、ミルク（?）をとりにゆく。その脇を、かつてパリで付き合っていた男を乗せた車が猛スピードで通り過ぎてゆくシーンで、映画は終わる。『巴里の女性』には、五所が学んだというセンチメンタルなロマンスやほのぼのとした情感が表現されている。

先に書いたフィルムセンターにおける「五所平之助監督特集」を見たとき、わたしが彼の映画から受けた印象は、下町人情もの（おもに戦前の作品）、ロマンチックなもの（『今ひとたびの』など）、文学作品を映画化したもの（『五重塔』『たけくらべ』など）、さらには社会派的なもの（『蟻の街のマリア』など）というように、扱ったテーマがずいぶんと広いということである。その結果、作品の出来にばらつきがあるとも感じた。あたかもそれは、ひとつのシーンを作るために、多種多様なカメラ・ポジションから撮ったショットを用いたかのようである。このような感想を持つのは、とりわけ小津作品とくらべたときである。五所の描こうとした「センチで、ほのぼのとしたもの」は、現存する戦前の作品『朧夜の女』（一九三六）や『花籠の歌』（一九三七）によく表現されている。後者は銀座のトンカツ屋を舞台にしているが、『朧夜の女』と同様に、下町情緒を感じさせる彼の傑作である。

五所が小津についてつぎのように評価したことがある。『愛欲の記』（一九三〇）について語ったときである。

だいたいこのあたりスランプ時代で、作品系列をみてもデコボコです。（中略）なんといってもやはり重要なのはしっかりした脚本、しっかりしたテーマを摑んでいなければならないということは感じてたのです。感じながらもやはりだめですね。（中略）「寂しき乱暴者」とか、「村の花嫁」、ああいう方向をずっとのばしていくのは実にたいへんなことだったと思うのです。その意味で小津さんが慎

図6　五所平之助監督、糸あやつり人形劇『明治はるあき』

重に一球ずつ投じたのはたいへんな苦労があったと思う。ただ、いまになってみれば自分としてはいい加減にはやらなかったという意味ではいろんなものを作ったことがぼく自身にひとつひとつプラスになっている。いまでも悔いないですよ、やったこと自体は……。結論からいえば芸術家は長生きしなければだめだということですよ。そのうちにいい作品を作ること、少しでもいいから作品を作ることは必要ですね。[15]

五所も認めるように、商業映画にあって、小津のように限られた世界を、一本一本、慎重に撮りつづけるには大きな困難がつきまとったにちがいない。小津とくらべて、「いろんなものを作った」と自ら語る五所は、結果的に、小津の倍、百本ほどの映画を撮っている。しかし、一九七〇年代には一本も撮っていない。小津の亡きあと、日本映画監督協会の理事長を長くつとめることになったり、日本の映画産業が下降の一途を辿ったりと、五所にとって映画作りがいろいろと難しくなった。俳句の好きな五所は『奥の細道』の脚本を用意したというが、映画製作は叶わなかった。

五所は一九六八（昭和四十三）年に、博物館明治村の依頼で、明治村を背景に『明治はるあき』という糸あやつり人形劇を映像化した作品を撮っている（図6）。それは小津と同じようにというより、小津以上に写真や俳句をよくした五所が、「明治は遠くなりにけり」をテーマに、江戸の風情の残る明治の姿を映画というフィルムで詠んだ佳品である。

五所はこの『明治はるあき』がほとんど最後[16]の作品になるとは思ってもみなかったにちがいない。なぜなら、それまでは生身の俳優を相手に、四十年以上も映画を撮ってきたのだから。それはきっと、彼の「少しでもいいから作品を作ることは必要」という信念が作らせた作品である。『明治はるあき』は人形劇とはいっても、芸能評論家安藤鶴夫の企画と原作のよさもあって、下町情緒を描くことに長けている五所が、久しぶりに「センチで、ほのぼのとした」調子を奏でた五所映画らしい中編作品である。

Ⅳ 小津安二郎のコンティニュイティ

小津安二郎監督（1903年12月12日～1963年12月12日）

「僕のコンティニュイティの実際」

小津安二郎は一九五八年八月下旬号の『キネマ旬報』で、彼にとって初めてのカラー作品『彼岸花』の撮影中に訪ねてきた岩崎昶《あきら》、飯田心美《しんび》の二人の映画評論家と、「酒は古いほど味がよい」と題する鼎談をしている。小津はそこで、多くの映画技法を捨てたと述べている。移動撮影やオーヴァーラップやパンをしない、ワイド画面の作品も作らない、エリア・カザン流の演技づけもしないと述べている。このような考えにもとづいて小津が作った映画とは、ロー・アングルから撮ったショットを積み重ねた、単純で静的に見える映像である。さらに小津は、同じ鼎談で「若い時はキャメラ技巧などを面白がって、あそこはこう撮ろう、ここはこう撮ろうと云うことがあったが、今はそういう興味も一寸《ちよつと》なくなった。一番わかりやすい文章で、誰にでもわかる方法でやりたい」とも述べている。この言葉は間違いなく小津の映画の本質である。

しかし、小津安二郎の映画を見る多くの人は、彼の映像の独自性に驚かなければならない。一見ではカメラの技巧のない、もっともわかりやすい方法で撮られた映画なのに、観客は見たこともない映像を目のあたりにする。この未知の視覚体験ができることこそ、小津映画を見る深い理由となる。ロー・アングルからのショット、移動撮影の極端な少なさ、絵画のような静止したショット、カット・バックの多さ等々。このような映画術からなる彼の映画には、いくつもの信じがたい映像を発見できる。アメリカ映画における、わかりやすく、いつも及第点をとっているような凡庸な映像にくらべれば、小津映画にはきわだって個性的で美しい映像が満ちている。

小津は五十三本の劇映画を撮ったが、それらのうちの十七本はフィルムが存在しない。ずいぶんと失われた作品が多いように思われるが、小津と同じ時期に松竹で監督をつとめた島津保次郎や清水宏や五所平之助の作品は小津以上に失われている。現存する三十六本の小津作品のなかには、『和製喧嘩友達』や『大学は出たけれど』のように十分を少し超えるほどのフィルムしか残っていない作品もある。当然、失われた作品の大半は初期のサイレント作品である。そのため、小津が独自の様式で映画を撮り始めた正確な時期やきっかけなどを、実作に即して探ってみることが困難となる。しかし、小津の残した発言などから、小津の映画術へのアプローチがあるていど可能となる。

小津の残した資料としては、彼の日記や小津を特集した『キネマ旬報』に載った「自作を語る」がもっとも重要なものである。しかし、それらのなかで小津は自分の映画術について、断片的に触れていても、まとまった形では述べていない。『キネマ旬報』のバック・ナンバーを繰ってゆくと、小津がどのように映画を撮影し、ひとつのシーンを作ってゆくのか、彼自身が具体的に語った号が存在していることに気づく。小津は『足に触った幸運』を撮り終えたあと、この作品を実例にとりながら、「僕のコンティニュイティの実際」と題した一文を一九三〇年十月二十一日号の旬報に載せている。

小津にとって、一九三〇（昭和五）年はもっとも多作な年であった。一月には『結婚学入門』、三月には『朗かに歩め』、四月には『落第はしたけれど』、七月には『その夜の妻』とお盆の添え物用の短編『エロ神の怨霊』、十月には今とりあげようとしている『足に触った幸運』が封切られた。さらにこの作品のあと、当時の小津にとっては大作の『お嬢さん』が撮影され、年末に封切られている。小津が「僕のコンティニュイティの実際」を書いたわけは、時期的に考えて、ちょうど封切られたばかりの『足に触った幸運』の宣伝も兼ねていたのではないかとも考えられる。

『足に触った幸運』は一時間十五分ほどの中編で、当時の小津が得意とした小市民的なサラリーマンの生活を描いた作品である。内容と規模から、この作品は『大学は出たけれど』『会社員生活』と『東京の合唱』『大人の見る絵本　生れてはみたけれど』の中間に位置する佳作といえる。そこには小津のサラリーマンものに見受けられるペーソスと笑いが巧みに描かれていたと思われる。

『足に触った幸運』が『東京の合唱』や『大人の見る絵本 生れてはみたけれど』と比較して評価が低かったのは、出勤途中で「お金を四千円拾う」ということが物語の出発点となっていることによるだろう。『東京の合唱』における懐かしき学生時代と正義感から生じた失業とその展開、『大人の見る絵本 生れてはみたけれど』における子供の目から批判的に描いた大人のサラリーマン世界。これらと比較すると、大金を拾うことが現実の世界においてありえないように、『足に触った幸運』には出発点から社会を見つめる視線にきびしさが欠けていたといえる。ただしこの作品はけっして凡作などではない。友田純一郎が『キネマ旬報』で「悲劇が喜劇の型式を採って成功した最初の日本映画[1]」と評価していることなどを考慮すると、小津がサイレント期に得意としていた、笑わせて泣かせる秀作であったと思われる。

小津が『足に触った幸運』を例にとって述べた「僕のコンティニュイティの実際」は、全文でおよそ三千字からなる。さらに理解を助けるために、この一文には絵コンテがつけられている。ところが惜しいことに、全七巻、二〇四二メートルだったというこの作品のフィルムが失われている。そのため、小津が「僕のコンティニュイティの実際」で述べたことを具体的に知ることができない。『足に触った幸運』はどのように撮影され、どのように各シーンが作られたのだろうか。以前は脚本すら存在しないとされていたが、幸運にも小津の使った脚本が発見された。そこで公にされた脚本を頼りに、小津の残した「僕のコンティニュイティの実際」について考察してみたい。

この文章を一読して感じるのは、小津の映画作りがきわめて職人的で、すでに完成されていたということである。もちろん、この作品において、彼独自の映像がすべて完成されていたと判断することは早計であろう。そんなに多くのことをこの一文が語っているわけではない。この時点では、トーキー映画を含めて、小津には習得しなければならない映画術がいくつも待ち受けていた。驚くことに彼は、『足に触った幸運』について、「さて、これはどんな写真だったかな？　一向に思い出せない」と述べている。小津は「自作を語る」において、わずかこれだけのコメントしか『足に触った幸運』について残していない。この年があまりに多作だったため、彼の記憶からこの作品がすっぽり抜けてしまったかのようである。

小津は「僕のコンティニュイティの実際」において、まず、撮影所は多忙をきわめ、「僕達の様な若年の生活範囲からは、とても割り出せそうにもない様々の生活のからくりが次々へと脚本になって、結果、僕の様な独身者が、子供の三人もある中年の会社員の生活に触れてみたり、瀕死の病床にある吾が子の為に、盗みをする若い父親の心境に食い下がってみる様な、所詮は、絵そらごとに終始してしまうことになる」と、ややや自嘲気味に自分を含めた若手監督の現状を述べている。三人の子持の会社員というのは斎藤達雄の演じた『足に触った幸運』の主人公をさし、病気の子供のために盗みをする若い父親というのは岡田時彦の演じた『その夜の妻』の主人公をさす。

絵コンテと撮影

監督としての小津はまず脚本を読み、脚本を構成する各シーンに要するフィルム数を通算する。『足に触った幸運』の場合では、各シーンがつぎのようなフィルム数となっている。

第一景　会社員の自宅……………六〇〇
第二景　会社への路上……………四五〇
第三景　会社内部………………一三〇〇
第四景　帰路………………………三〇〇
第五景　酒場………………………三五〇
第六景　会社員留守宅……………四〇〇

第七景　待合……………………三五〇
第八景　会社員帰宅……………五〇〇
第九景　翌朝の自宅……………四〇〇
第十景　会社内部重役室………五五〇
第十一景　自宅…………………一二〇〇
第十二景　通勤の路上…………三〇〇

合計六七〇〇フィート（約二〇四二メートル）となるが、小津は、この数が会社からいわれたフィルムの長さと大差ない場合、監督はこの脚本を撮影するという。そして彼は、「一シーン（FADE. IN から FADE. OUT 迄の纏《まと》まった場面群）に於いての一くさり——」として具体的な話にはいってゆく。

小津はたとえとして、ひとつのシーンをロング・ショットによる一カットで見せようとも、クロース・アップによってもっときざみ、三もしくは四カットで見せようとも、監督の任意であり、それにしたがってコンティニュイティを立てるとし、彼自身は「コンティニュイティも各々の監督によって色々の形式があるでしょうが、僕はこれを別図の如く縦横四対五のフレイム——フィルムの一駒——の中に簡単な絵で書いて行く方法を用いていています」と述べている。そして小津は「第五景　酒場」のシーンにおける、八コマからなる自作の絵コンテを提供している（図1）。

脚本に沿って、そこの箇所を説明しよう。四千円を拾得した礼金として三百円を貰った古川貢太郎は、会社の同僚、山野と大井に素晴らしくハイカラなバーに誘われる。そんなところには慣れていない貢太郎は落ち着かない気持ちで席に着く。山野は女給に注文をすると、カウンターへ立ち去ってゆき、そこで愉快そうに笑いながら、なにか話している。小津が提供した絵コンテはここからのショットである。状況をわかりやすくするために、脚本におけるその箇所をまず紹介しよう。(2)

貢太郎、大井に云う。

T〝君達は、こんなバーなどには、随分お馴染が多いんでしょうな？〟

大井「ハハハ」と笑って、「そうでもありませんよ」などと云う。

そこへ女給がドイツビールを持って来て、コップを並べなどする。

大井、それを見ながら貢太郎に向かって微笑を浮べて云う。

掲載した八コマの絵コンテは右上から始まり、五種類のカメラ・ポジションからなっていることがわかる。中央部の四コマは説明である。

Aのカメラ・ポジション　二ショット
Bのカメラ・ポジション　二ショット
Cのカメラ・ポジション　一ショット
Dのカメラ・ポジション　二ショット
Eのカメラ・ポジション　一ショット

ここでの登場人物は貢太郎、大井、女給の三人である。小津はわかりやすく、絵コンテの人物の頭に▲印、●印、×印をつけている。小津が提供した八コマのショットを人物を中心に最初からいえば、貢太郎、大井、貢太郎、貢太郎と大井、女給、メニュー、大井、女給となる。タイトル（Tサイレント映画の字幕台詞）の挿入は、三コマ目と四コマ目のあいだにふたつ、そして七コマ目と八コマ目のあいだにひとつある。

絵コンテが示すように、小津はこの場面を、たとえばCのカメラ・ポジションからのワン・ショットで作るようなことはせず、こまめにカットし、短いショットを積みかさねて作っている。つまり、八つのショットは五つのカメラ・ポジションからなっ

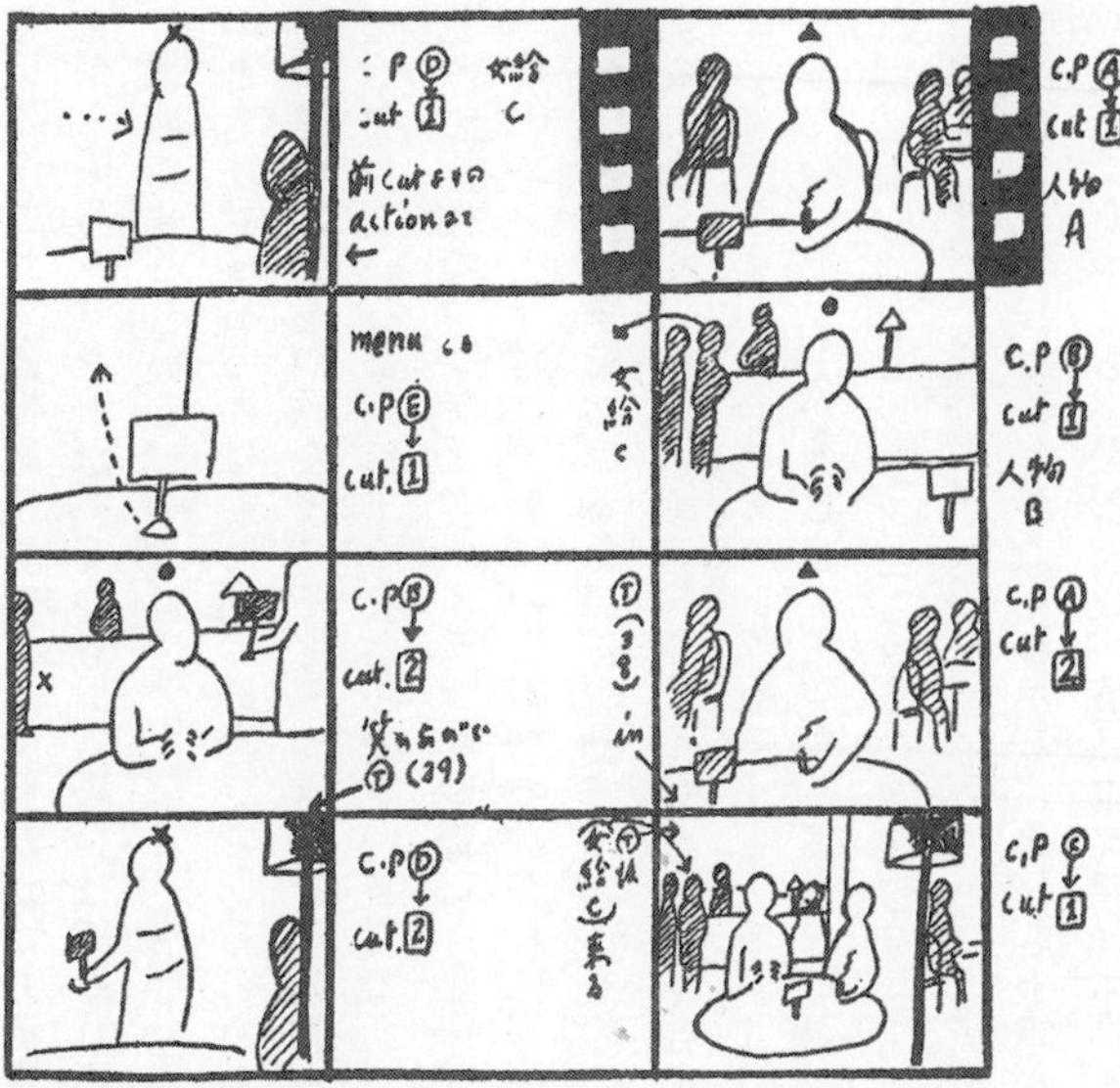

図1　「第五景　酒場」のシーンにおける八コマからなる小津の絵コンテ

ている。これでは撮影にずいぶん時間がかかりそうであるが、同じカメラ・ポジションから撮るショットがいくつもある場合は、それらをまとめて撮ることで、撮影時間を短縮させるという。つまり、「中抜き」で同じ人物のショットをつづけて撮る。このとき注意することは「時間の経過」である。たとえば、最初のショットに映った人物が煙草に火をつけたとすると、つぎにその人物が映ったときには、その煙草が少し短くなっているようにするなどの配慮が必要であるという。このような細かなカット割りや正確なコンティニュイティの映像は、小津映画に見受けられる基本である。

「僕のコンティニュイティの実際」ではさらに、撮影中に思いついたショットについては、製作能率をあげるために有効ではあるものの、真のコンティニュイティとはいえないとして、小津はその採用について疑問を呈している。小津にとってのコンティニュイティとは、前もって十分に練られたものでなければならない。それには、撮影するためのセットが前日までに完成していなければならないことになる。そうでなければ、前もってコンティニュイティを考えることができない。小津の残した日記や「自作を語る」を読めば、彼がコンティニュイティを立てるため、徹夜をしたり、苦心惨憺したりしたことがよくわかる。それも小津が映画様式を完成し、名匠といわれた晩年にあっても、撮影前夜、彼はコンティニュイティに悩んでいるときがある。たとえば、小津にとって最晩年の作品となる『秋日和』の撮影中の日記に、彼は十度ほど「コンテを按ず」と書いている。撮影開始の前日、一九六〇年七月十一日の欄に、小津はつぎのようにしたためている。

からりと晴れて暑い　出社〈彼岸花〉をかけてみる　田口の家セット飾り　のち読合せ　車で鎌倉に出て鳥居屋で買物　帰つてコンテを按ず

撮影が開始した時点でも、司葉子を東宝から借りる件が紛糾していたこともあり、小津は『秋日和』の撮影に苦戦しそうな予感を持っていたようだ。撮影開始から二カ月のあいだに、「コンテを按ず」と日記に十度ほど記述されたことは、小津にとって、コンティニュイティがいつまでも映画作りの基本となっていたことを意味するだろう。

『東京物語』撮影中

映画のコンティニュイティについて、小津自身がこんなに積極的に述べている文は「僕のコンティニュイティの実際」だけであろう。しかし、『キネマ旬報』には、小津のコンティニュイティの秘密がよくわかる号がいくつかある。たとえば、一九五三年十月上旬号の『キネマ旬報』に、映画評論家大黒東洋士《とよし》が『東京物語』の撮影現場を訪問した記事を載せている。題して「小津安二郎の演出――『東京物語』の撮影を見る――」。彼が大船スタジオを訪ねたときは、老夫婦（笠智衆と東山千栄子）が熱海から娘（杉村春子）の美容院へ帰ってきたときのシーンが撮影されていた。彼は小津が現場で、このシーンをどのように撮っていたかを詳細に報告している。

そのほかでは、『早春』の脚本を載せた『キネマ旬報増刊 名作シナリオ集』（一九五五年十二月二十日号）に、小津自身ではないが、小津の許可のもと、この作品で監督助手をつとめた田代幸蔵が小津のコンティニュイティについて紹介している。田代はそこで、『早春』におけるふたつのシーンを例にとり、カメラ位置の図とスクリプトを含めて、小津の映画術を詳しく紹介している。ひとつ目は、金魚こと千代（岸恵子）が杉山（池部良）と一夜を共にした鈴ヶ森あたりの旅館の朝のシーン、ふたつ目は、妻（淡島千景）が杉山の浮気を知って家出をしたので、杉山が彼女の実家であるおでん屋「喜多川」に訪ねてきたときのシーンである。

『早春』は、小津がサイレント期に得意としたサラリーマンものを集大成した作品で、もちろん傑作であるが、『東京物語』は多くの人が小津の最高傑作と認める作品である。そこで今度は、色彩の点をのぞけば、小津の映画術がまったく完成している『東京物語』を例にとり、彼がどのような撮影をおこなっていたかを、大黒東洋士の『東京物語』撮影現場の訪問記をもとに紹介してみよう。ここでも小津がひとつのシーンを作るためにコンティニュイティを正確に立て、いかに細かくきざんで各ショットを撮ったかがよくわかる。

『東京物語』は一九五三年七月二十五日、シーン九六「服部家の奥の部屋」のセットからクランク・インした。代書屋をしている尾道出身の夫婦の家である。大黒が大船のセットを訪問したのは撮影開始からひと月半ほどたった九月七日である。その日は、シーン九三「ウララ美容院の二階」のセット撮影がおこなわれていた。主人公の周吉ととみ夫婦が尾道から子供を訪ねて東京にやってきたものの、子供たちは日々の生活に忙しく、なかなか両親の面倒をみることができない。そこで兄妹（幸一と志げ）がお金をだしあって、二人を熱海へ招待する。しかし、温泉場は夜まで騒がしく、とても老夫婦にとって保養にならない。そのため彼らは予定より早く、熱海からウララ美容院へ帰ってきてしまう。このことに志げは驚くと同時に、彼女のところが美容院の寄合いの当番だったこともあり、ひどく機嫌を悪くする。

小津が使った脚本（撮影台本）ではシーン九三「ウララ美容院の二階」はつぎのよ

うになっている。なお、丸つき数字は実際の脚本にはなく、小津が自分の撮影台本に便宜的につけたものである。有名な作品なので、旧仮名遣いのまま紹介する。

九三＝二階

周吉ととみ、ほッとしてくつろいでゐる。

と、志げが上がつてくる。

①志げ「どうなすつたの？　ずゐぶん早かつたのねえ」
周吉「ウーム」
志げ「熱海どうでしたの？」
周吉「ウム、よかつたよ。え、お湯ぢやつた」
とみ「見晴らしのえゝ宿屋で、とてもえかつたよ」
②志げ「さうでしよ、あすこいゝのよ。まだ建つたばつかりだし……。混んでませんでした？」
③周吉「ウム、少し混んどつた」
④志げ「ご馳走、どんなもの出ました？」
とみ「おサシミに茶碗むしに……」

志げ「おサシミおいしかつたでしよ？　あすこ海が近いから……」
とみ「大けな玉子焼きも出てのう」
志げ「なんだつて帰つてらしつたの？　もつとゆつくりしてらつしやりやい、のに……二、三日ノンビリして頂かうと思つてたのよ」
⑤周吉「ウーム。でも、もうそろそろ帰らうか思ふてのう」
⑥志げ「まだい、ぢやありませんか。たまに出てらしつたのに」
⑦周吉「いやア、でももう帰らんと……」
⑧とみ「京子も寂しがつとるぢやらうし……」
志げ「大丈夫よお母さん、京子だつてもう子供ぢやないんだし……。今度のお休み、歌舞伎へでもお伴しようと思つてたのよ」
⑨周吉「さう。――でも、さうさう散財かけちや悪いけえのう」
⑩志げ「うゝん、ゆつくりしてらつしやりやい、のよ。今晩はちよいと七時から家で寄合ひがあるけど……。いえね、講習会なのよ」
とみ「さう。大勢さんおよンなさるんか？」
志げ「えゝ、相憎くうちが番だもんだから――」
⑪周吉「さうか、そりやいけなんだのう」

⑫志げ「だからゆつくりして来てほしかつたのよ。あたしもさう云つときやよかつたんだけど」
⑬キヨが顔を出す。
キヨ「先生ピンカール出来ましたけど……」
志げ「あ、さう。（両親に）ぢや、ちよいと……」
　とキヨのあとからおりてゆく。
⑭周吉「（ガツカリしたように）どうする？」
⑮とみ「どうします？」
⑯周吉「また幸一のとこへ行つて迷惑かけてもなア……」
⑰とみ「さうですなア。――紀子のとこへでも泊めて貰ひますか」
⑱周吉「いやア、あすこも二人ア無理ぢや。お前だけ行つて泊めて貰ふよ――」
⑲とみ「ぢやお父さんは？」
⑳周吉「服部さんを訪ねてみやう思ふんぢや。なんならそこへ泊めて貰ふよ。
――兎に角、ま、出かき《ママ》ようか」
とみ「へえ」
　そして荷物の中から洗面具などを出す。

周吉「(微笑して)――とうとう宿無しンなつてしもうた……」
とみも笑つて領く。

このようにして主人公の夫婦は、小津が好んだ相似形に並んで外出の準備を始める。二人は尾道の方言を使っているため、実際の映画では、ここに引用した台詞とは微妙に言葉じりが異なる箇所があるが、彼らが話した言葉はほとんど同じである。

小津が実際に使った『東京物語』の撮影台本からシーン九三「ウララ美容院の二階」の箇所を図版で紹介する。赤鉛筆で縦に線が引かれているが、その線はカット割りを示すものである。また、大きな×マークは、小津が撮影が済んだときに書いたものである(図2)。

鉛筆による縦線と縦線のあいだに色の帯がつけられている。大黒はこの色の帯についてつぎのように述べている。

小津さんの台本を見ると、赤鉛筆でタテにいくつもの線がひかれている。この赤線がカット、カットを示すもので、更に赤線と赤線との間が、青、紫、緑、赤といった各色の帯で塗り潰されている。だから台本が整然たる五色の帯に色取られていて、見た目に大変美しい。これが小津さん独特の色分けコンテである。小津さんがいつ頃からこのコンテを用いだしたのか、ハッキリとは知らないが、僕が初めてこのコンテに気のついたのは「お茶漬の味」の時だった。その時、小津さんから〈色分けコンテ〉論を一くさりきかされたが、その効用の一つに、撮影の手順が巧くいって能率的であるということがあげられていた。名代の凝り屋で、昔から会社泣かせのスローモー監督として知られていた小津安二郎が、最近撮影がスピーディになったのも、この〈色分けコンテ〉の効用に負うところが大きいとされている。(3)

丸つき数字が示すように、このシーンは二十のショットからできている。しかも、大黒は指摘していないが、色分けの帯が、上下にわけてつけられていることに気づく。この結果、ここのシーンは七種類のショット、つまりカメラ・ポジションからできていることが判明する。実際に撮影風景を見た大黒は、周吉のバスト・ショット（アップのショット）は二度にわけて撮影されたと書いている。各ショットを撮影順に、カメラのポジションごとにまとめるとつぎのようになる。

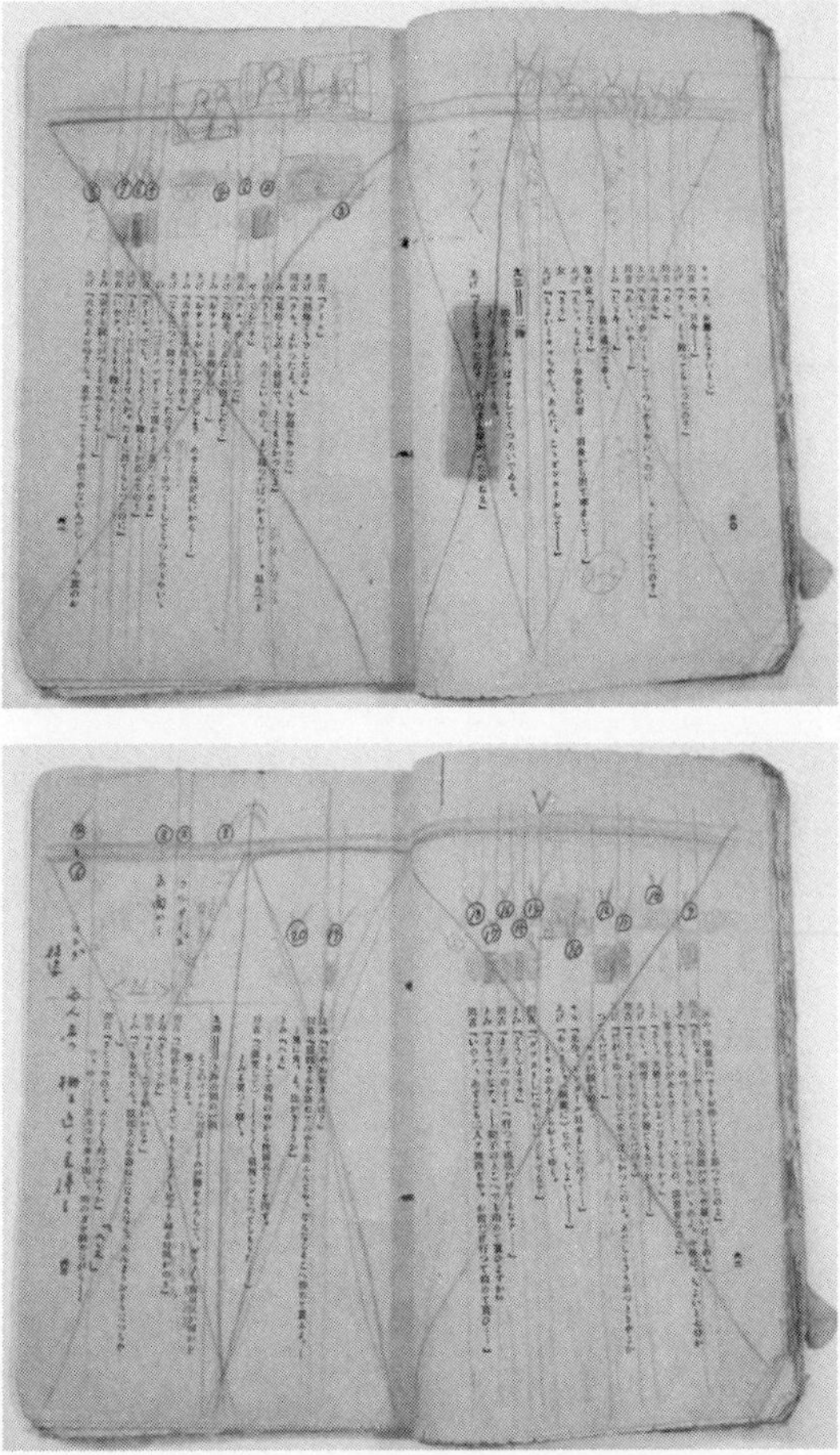

図2　小津が使用した『東京物語』の撮影台本のシーン九三

①ロング・ショット（周吉、とみ、志げ）
③⑤⑦⑨⑪バスト・ショット（周吉）（図3上）
④⑧⑩フル・ショット（とみ、志げ）
②⑥⑫バスト・ショット（志げ）
⑬ロング・ショット（周吉、とみ、志げ、キヨ）
⑭⑯⑱バスト・ショット（周吉）（図3下）
⑮⑰⑲バスト・ショット（とみ）
⑳フル・ショット（周吉、とみ）

そして小津は、実際、つぎのようにそれぞれのショットを撮影している。

まず、①ロング・ショットで周吉、とみ、志げの三人を撮った。つぎに、③バスト・ショットで周吉を撮り、「ウム、少し混んどつた」といわせている。それから、中抜きをして、同じ周吉のバスト・ショットで⑤「ウーム。でも、もうそろそろ帰らうか思ふてのう」を撮り、さらに続けて⑦と⑨のショットを撮っている。今度は、とみと志げのフル・ショットで、④⑧⑩を撮った。以下、残るショットも同じように撮影された。ここで小津が色分けの帯を二段に区別してつけた理由がわかるだろう。上

図3　二種類の周吉のバスト・ショット：上③⑤⑦⑨⑪，下⑭⑯⑱

にある色分けの帯はロング・ショットとバスト・ショットを、下にある色分けの帯はフル・ショットを意味していたのである。

周吉のバスト・ショットは二度にわけて撮影されたというので、そのことに留意して『東京物語』におけるこのシーンの静止画像を比較して見れば、⑭以降の周吉のバスト・ショットとそれまでの周吉のバスト・ショット③⑤⑦⑨⑪では、背広の腕の皺などが微妙に異なっていることに気づく。

『東京物語』は小津安二郎がたどり着いたひとつの頂点である。大黒が報告したのはたったひとつのシーンの撮影風景であるが、そこからふたつの重要なことがあきらかになる。まず、小津のコンティニュイティは細かなカット割りからなっていることである。ひとつのシーンが短いショットの連続からできていることが、このような撮影から具体的にわかるだろう。それから、ひとつのシーンを作るショットの種類が、おおむねロング・ショット、フル・ショット（もしくはミディアム・ショット）、バスト・ショットの三種類からなっていることである。映画術が完成してからの小津は、カメラを動かすことがほとんどないので、ひとつのショットにおける被写体とその被写体までのカメラの距離がショットの種類となっている。小津の場合、このカメラから被写体までの距離が基本的には三種類、多くて四種類しか使われていない。このようにして撮られたショットがなんども繰り返されてひとつひとつのシーンが作られている ため、彼の作る画面が観客に、知らず知らずのうちに、規則正しく安定したイメージを与えることになる。多くの映画監督は、たとえば五所平之助のように細かなカット割りをおこなっても、さまざまなカメラ・ポジションからショットを撮るため、小津ほどの様式を感じさせない映像を作ることになる。

田代幸蔵が紹介した『早春』のコンティニュイティも、『東京物語』のそれと同様に、細かなカット割りと正確さを基本にしている。『東京物語』や『早春』に見受けられる小津の映画術は、若き日の小津が「僕のコンティニュイティの実際」において述べたことの実践であり、より高度に洗練させた結果である。

こうしてみてくれば、小津映画の特徴のひとつであるカット割りの細かさ、コンティニュイティの緻密さは、小津自身による「僕のコンティニュイティの実際」が証拠だてるように、彼の映画術の基本として、初期の作品から明確に始まり、晩年の作品まで貫いていたことがよくわかる。

V 清水宏と風物病

清水宏監督（1903年3月28日～1966年6月23日）

日本映画の病気

双葉十三郎は、昨今の趣味的な言葉を連ねる映画評論家とは異なり、あきらかに自己の立場を明確にして、長いあいだ映画批評をおこなっている。興味深い例をあげる。

かつて双葉は、『映画芸術』の「日本映画月評」において、日本映画に見受けられる風物のショットの多さを「風物病について」と題して、つぎに引用するような日本映画批判を展開したことがある。彼がそのとき対象としてとりあげた作品は、小津安二郎の『晩春』と清水宏の『小原庄助さん』である。両方とも一九四九（昭和二十四）年度の作品で、『晩春』はキネマ旬報ベスト・テン第一位に、『小原庄助さん』は第十位に選ばれている。双葉はまず、『晩春』の前作にあたる『風の中の牝雞《めんどり》』を評し、なぜ小津がこんな駄作を作ったのか、「時代におくれまいとの焦りから、柄にもない材料をひろってみたらそれは他人の喫いつくした煙草の殻だった」と手きびしく批判したあと、このように述べている。

人間、大いに開拓精神を発揮して、積極的に珍らしい道をきりひらくのはよろしいが、逆に生兵法は大怪我のもと、という言葉もあり、やはりおとなしく自分の世界を守っていたほうがいい場合もある。今度の「晩春」はその点で「風の中の牝雞」の失敗をくりかえさないですんだ。それどころか、自家薬籠中のものを扱う自信、その自信から生まれる構えによって、この一作は正に堂々たる風格をそなえ、いわば一個の完成品となっているのである。

が、賞讃のデティルは省くとして、別の角度から眺めると、いい日本映画とはこんなものなのか、日本映画独自のよさはこんなものなのか、と反問したくなる。

（中略）

作家には色々な型があるし、その世界もちがう。小津安二郎はそのひとつの型の完成者である。だから、彼に他の型の作家になれと要求する必要はない。そういう要求はほかの作家にすればいい。Leave him alone である。が、ここにまた「小原庄助さん」がある。この映画は内容的には実に下らんものである。朝寝朝湯朝酒で財産を蕩尽してからさて人生の再出発だという。何をぬかしやがると腹が立ってくるようなおハナシである。（中略）

ところがこんな気に入らぬ話がスクリーンに映し出されてみると、なかなか立派な映画になってしまう。不思議である。その原因を考えてみると、結局は映しだされた風物のつかまえ方のよさということになる。ロケイションした本物の旧家の大黒柱のすばらしいショットがある。雨のたんぼのなんともいえない風景がある。ロバがひとりで邸へ帰ってゆくいい味の場面がある。なんだイみんな人間が出ていないショットばかりじゃないか、というなかれ、人間は出ていなくても、それがつみ重なって、何となく立派な映画になってしまうのである。これぞ正に日本映画に独特の芸術と申すべきでありましょう。（中略）とにかく風物という奴が、日本映画を成立させる重大な要素であることが、「晩春」「小原庄助さん」の二作をみると、今更のようにひしひしと身に迫ってくる。

前にも云ったように、それが個々の作家独自の作風である以上、どうも致し方がない。それならここでも何もいわない。が、小津清水両先生だけでなく、日本の映画監督の大部分が、重症なり軽症なりの風物病患者であるとしたら、これこそ由々しき一大事といわなければならない。

日本映画は尺数の割に内容が貧弱である。アメリカ映画の呼吸でゆけば三巻ぐらいの内容しかない。その原因はいままでにも色いろ論じられている。台詞をゆっくり云わないときこえないから、とか、日本家屋は立ったり坐ったりに時間を食うから、とか、迷論卓説がうじゃうじゃ出ている。が、もっとも根本的な原因は風物病菌の伝播にある。(1)

双葉は『晩春』や『小原庄助さん』はそれなりにすぐれた作品であると認めている。しかし、それでも日本映画につきものの風物のショットが多く、映画そのものは内容に乏しいと主張する。そして日本映画は、そのようなショットのためもあって、一般的に、内容の薄い、雰囲気主義の作品に陥っているというのである。彼の指摘は、なにも映画だけでなく、おそらく小説などにもいえるのではないだろうか。日本の小説に風物の、それも自然の描写が多いことや、はっきりとした物語を持たない小説が多いことはよく指摘されることである。このような特徴は、映画や小説だけでなく、日本の芸術全般にあてはまることなのかもしれない。

ところで、双葉が「小津清水両先生」と皮肉混じりに書く清水宏とはどんな監督なのだろう。引用した双葉の指摘を考えてみる前に、愛すべき希代の映画監督、清水宏について叙述してみたい。

清水宏と小津

清水は名画座でさえあまり上映されることのない監督である。清水と小津は同い年ということもあって、とても仲がよかった。つき合いの探さや長さからいって、清水は小津の無二の親友といえる。このことは小津の日記からもよくわかるが、初期の小津作品に清水の原案ものがいくつかあることからもわかるだろう。清水と小津が企んで小遣い稼ぎをしたとも思われるが、小津の監督した『大学は出たけれど』と『朗かに歩め』の二本は、清水宏の原案となっている。また『晩春』の原作は広津和郎の『父と娘』であるが、この作品の映画化は、清水が小津に勧めたといわれている。

小津を理解する助けともなるので、つぎに清水の人となりについて紹介してみたい。清水の残した発言にはブラフ的なものがあるので、どこまで信じていいのかわからないが、ここではおもに、映画評論家で脚本家でもあった岸松雄の書いた清水宏に関する記述と、フィルムアート社より出版された『映畫読本清水宏』を参考にする。

清水は一九〇三（明治三十六）年、静岡県天竜川沿いの信州に近い山村に生まれているが、そこは母方の実家である。彼女の父は村長をつとめ、映画館まで持っていた。清水宏の父は、若くしてアメリカへ渡り、苦学して大学を卒業している。帰国後は古河鉱業に勤務した。清水は、両親の夫婦仲がよくなかったため、幼い頃、母方の実家で過ごし、地元の小学校に入学している。しかし、成績が悪かったりなどして、東京の父のもとに戻され、芝の神明小学校へ通っている。中学は父の考えで浜松中学へはいる。中学時代の清水はずいぶんとバンカラで、芸者遊びまでしていたという逸話がある。それは、岸の言葉を借りれば、後年、清水の「若旦那もの」で役立った体験ということになる。十代の彼は転居が多く、かなり気ままな学生生活を送っていたことがわかる。それからの清水は、やや信憑性に欠けるが、北海道帝国大学へ行ったという。しかし授業がつまらないということで大学を中退し、清水は東京に舞い戻る。

清水と映画の関係である。東京では有島武郎邸の玄関番などをしていたが、科学雑誌を作っていた原田三夫という人物が科学教育映画を製作し始めたとき、清水は彼の仕事を手伝うようになる。このとき、蒲田撮影所の大スター栗島すみ子の知己を得ている。原田が活動写真社を解散したことを機に、清水は映画で身を立てたいと一念発起し、栗島すみ子の紹介で、すんなり松竹キネマ蒲田撮影所に助監督として入所する。その正確な月日はわからないが、十代の終り、つまり一九二二（大正十一）年十一月頃と思われる。このとき彼がついた監督は池田義信（初めは本名の義臣《よしおみ》を名乗った。一八九二〜一九七三）である。なお小津は、すでに述べたように、翌年の一九二三年八月に松竹キネマ蒲田撮影所に入所している。清水と小津が親しくなったきっかけは、当時の撮影所所長の野村芳亭への挨拶が悪いと二人とも叱られたことだという。このとき池田組の監督助手に成瀬巳喜男がいた。

池田義信は長野県の生まれで、郵便局の電信係をしていたが、文学や演劇に興味を持ち、上京して、新派の舞台監督をしていた賀古残夢《かこざんむ》（一八六九〜一九三八）に師事し、本郷座などで舞台演劇の修業を積む。一九二〇年六月の松竹キネマ蒲田撮影所開設に際して、賀古にしたがって松竹に入所し、脚本執筆や助監督をつとめたあと、翌年秋には、監督に昇進している。

賀古が入所した年に作品を撮っていることからわかるように、当時は映画の経験がほとんどなくとも監督になれた時代であった。それは映画術が未成熟だったことを意味している。池田は一九二二年以降、多い年には十四、五本の作品を撮っている。大当たりした作品は、松竹の花形コンビ岩田祐吉と栗島すみ子主演のものだった。そして一九二三、四年頃、池田と主演女優の栗島はひそかに結婚している。彼は一九三〇年代になるとしだいに映画を撮ることから遠ざかり、一九三六（昭和十一）年の『我が母の書』を最後に松竹の管理職につき、戦後は、おもに映倫の委員として映画界に寄与した。

池田が長野出身なので清水に好意を持ったとも想像できるが、一九二二年当時、人気のあった栗島すみ子の頼みとあれば、会社側は清水を入所させないわけにいかなかったと考えられる。そしてついた監督も栗島と恋仲の池田であった。助監督時代の清水は学生服を着て、カメラのそばにデンと立って演出の勉強をしていたという。それでついた渾名《あだな》は「銅像」、つまり助監督としての役割を果たさなかった。池田の助監督をしていた成瀬巳喜男が働こうとすると、働きすぎだといって、清水が成瀬を叱ったと岸は書いている。太っているだけでなく、態度まで大きな清水がなぜか気に入られ、彼は一九二四年、弱冠二十一歳で監督になっている。いくら揺籃期の映画界とはいえ、これは異例の抜擢ではなかったろうか。監督としては島津保次郎の二年後輩、五所平之助の一年、そして小津安二郎の三年先輩にあたる。

清水が監督に昇進した当時、松竹キネマ蒲田撮影所の所長は野村芳亭であった。しかし、彼は女優との仲を取り沙汰され、脚本家やスタッフたちに撮影所の風紀が乱れると社長に直訴され、その結果、若き城戸四郎が所長として蒲田撮影所に乗り込むこととなった。野村は一監督として京都の下加茂撮影所に左遷され、このとき、問題の女優や大久保忠素、清水宏等も京都に一緒に行っている。一九二四年夏のことである。野村や大久保は、前年の九月一日に起こった関東大震災のとき、いっときではあるが下加茂撮影所で映画を撮った経験があったので、彼らには京都が未知の仕事場ではなかった。

清水のフィルモグラフィーでいえば、処女作『峠の彼方』とつぎの『山男の恋』を蒲田で撮ったあと、彼は京都で八本の作品を撮っている。ところがまもなくして、下加茂撮影所が時代劇専用の撮影所となったため、清水や大久保は蒲田撮影所に戻ってくる。一九二五年春のことである。しかし、短期間ではあったが、京都で映画を撮ったことは清水にさまざまな影響を与えた。それは清水の終の棲《ついすみか》が静岡でなく京都になったというだけではない。彼は下加茂撮影所にはいってきた田中絹代に出会った。彼女は、清水宏の六作目『村の牧場』で若い娘を演じ、その後、しばしば清水の作品に出演している。

清水宏と田中絹代の映画人生において、多くの人の興味をかきたてる出来事は、二人の短い同棲生活、正確にいえば、試験的な結婚生活ではないだろうか。城戸四郎のつぎのような文を読めば、清水の人となりも含め、この二人の組み合わせについて、より正確な情報を得たい気持ちになる。城戸は彼らのことをつぎのように書いている。

一番エピソードとして残っているのは清水宏との恋愛関係だ。清水が田中にほれ抜いて、どうしても田中でなければならぬという。ところが田中の家族の方はこれを喜ばない。中へ入って僕は実は参った。けれども、その当時の清水はなかなか優秀な作品を出していて、ヒットまたヒットをやっているときで、自然清水のいうことに押されざるを得なかったわけだ。勝手に出来てしまったものならば、やっつける手もあるけれど、正式に一緒になりたいと申し出て来たとなると、何とか骨を折らざるを得ない。要するに情熱の方が強かった。然しこれも三、四年続いたに過ぎなかった。結局仕事と人情の間に狭まりながら、何とかこなしたが、芸術家の間の恋愛関係は頗《すこぶ》る難しいものである。(2)

繰り返される若き監督と売りだし中の女優の大喧嘩。二年ほどで婚前同居は終り、試験結婚は破局を迎える。翌一九三〇年、清水は伊豆下田の元芸者と結婚している。晩年、芸術院会員に選ばれたように、創作においても経済的にも恵まれた映画人生を送った小津にくらべると、晩年の清水は、経済面ではともかく、創作の面では不遇をかこったといえる。若い頃に城戸所長に気に入られ過ぎたせいか、わがままな清水はスタッフたちとの折り合いが悪くなり、戦後、大船撮影所から松竹京都撮影所に飛ばされている。その結果と思われるが、まもなくして京都撮影所をやめ、独立プロダクション「蜂の巣映画（部）」を作り、いくつかの傑作を撮っている。それから新東宝で『しいのみ学園』（図1、一九五五）や『次郎物語』（一九五五）など、十八番《おはこ》の子供を主人公にした作品を監督する。

それから清水は、当時、大映の重役だった溝口健二の勧めもあり、一九五六年、大映にはいり、数本の映画を撮っている。しかし、彼を大映に誘った溝口が亡くなったうえ、永田雅一社長との折り合いが悪くなったこともあり、一九五九年の『母のおもかげ』（主演根上淳、淡島千景）を最後に、大映を退社する。このようにして晩年の清水は、ほとんど忘れられた監督になっていた。

一九六六（昭和四十一）年六月二十三日、彼は京都、北嵯峨の邸宅で心臓発作に襲われ急逝する。そのとき清水が「手にしていた雑誌のページは、蜜蜂の群れを追いながら南から北へ移動する蜜蜂業者の実話であった」と、岸は書いている。清水はこのような物語を映画にしたかったのであろうか。一年の多くを旅人として過ごす彼らの生活は、往年の清水映画の世界を彷彿させるものである。

ところで、吉村公三郎（一九一一〜二〇〇〇）が島津保次郎の助監督をしていた時代を思い起こして書いた文に、当時の松竹キネマ蒲田撮影所の監督部屋について述べたくだりがある。時は一九二〇年代後半である。

当時、スタッフ・ルームが六つくらいにわかれていて、古株の監督が室長になり、その弟子たちで新しい監督になったもの、その助手も一つのスタッフ・ルームを使う。われわれのところは第四部といった。

図1　『しいのみ学園』撮影中の香川京子と清水監督

第一部＝牛原、佐々木（恒） 第二部＝池田、重務 第三部＝野村（芳） 第四部＝島津、五所、豊田、西尾 第五部＝清水、小津

といったところである。(3)

これでわかるように、サイレント時代の小津と清水は同室で監督業に励んでいた。小津の残した日記になぜ清水が登場し、しばしば一緒に銀座などで飲食したり、伊豆の湯河原などに赴いたりした記述があるのか理解できる。清水と小津の友情は、清水が熱海の家を売り払って京都に移り住んだ最晩年まで続いている（図2）。

たとえば、小津の日記には「車にて野田夫妻 達子さんと高尾神護寺《ママ》 栂尾《とがのお》高山寺こゝで持参の朝めし 化野《あだしの》念仏寺 嵐山を廻つて北野の清水を訪ね 洗面器 餅あみを買つて帰る（以下略）」（一九六一年十二月二十日）とか、「夜若尾文子から電話 京都清水から茶漬うなぎ届く」（一九六二年六月五日）とある。小津映画の専属のカメラマンといえる厚田雄春の思い出は、映画監督という同じ船に乗った二人の厚い友情をつぎのように描写している。

小津さん、御茶の水の医科歯科大学病院に入院される前に、築地のがんセンタ

図2　東大寺戒壇堂での清水宏（右）と小津

ーで手術を受けられ、しばらく入院されていたんですが、ある日、ぼくが病室にいるときに清水さんから呼び出しがかかって、「いま、築地の東急ホテルにいるから、厚田、ちょっとこい」と。で、清水おやじの部屋に行くと、あすこはがんセンターと目と鼻のさきですよ。で、清水おやじがいうには、どうも小津がよくないらしいが、俺は見舞いには行きたくない。病気の小津には会えないっておっしゃるんです。「本当は行きたいんだ、わかるか」って清水さんがいう。「でも、つらくって行けないんだ」って。これは、よくわかりましたね。

小津さんの病室には、いつもたくさんのお見舞いの方が見えていたんですが、清水さんは、ついに最後まで来られなかった。その気持、本当によくわかりますね。「俺が、東急ホテルにいるってことだけ、伝えてくれ」って。で、「よくなったら、二人で船で世界をまわろう」。これが蒲田からの長い長い友情なんでしょう。[4]

築地の東急ホテルとは、正確には銀座東急ホテル（現、時事通信ビル）のことで、築地の国立がんセンターとはまったく目と鼻の先にあった。そんなに近くまできていながら、清水は小津の病床に足を運べなかった。

清水宏の映画術

清水宏はどんな映像を好み、どのような映画作りをめざしたのだろうか。このことについて、彼の映画に数多く出演した笠智衆が見事な思い出を書いている。

しかし、この清水監督には、私は、たいへんかわいがってもらった。そのころ撮影所では、島津保次郎監督と清水宏監督のことを、なぜか、われわれはオヤジと呼んでいた。七つ年上の島津オヤジと違って、清水さんは一歳違いでしかなかったが、それでもやはり清水オヤジである。

この清水オヤジは、ロケの好きな監督だった。しばしば伊豆方面へロケやロケハンに出かけたが、私も何人かの仲間とよく連れて行ってもらった。清水オヤジは、そういうわれわれにも、よくごちそうしてくれた。だから、清水組のロケは、たいへん楽しみだった。

ロケ地としては、伊豆の大仁《おおひと》のあたりが、お気に入りのようで、よく大仁ホテルに泊まって撮影に出かけた。自然の風景のなかにカメラを据えて、「おい、ちょっとのぞいてみろ。どうだ、いいだろう」と言う。言われた通りにのぞくと、「このなかに、君たちが立つと絵が壊れるんだ」。

しかし、実際に、その構図は、子供と犬かなんかがその中を走り抜けたりすると絵になるなと思われるものだった。そんな風に、清水オヤジの写真は、スーッとした、まるで水彩画のような美しさがあった。

それだけに、俳優が、あまり細かい動作を勝手にすると気に入らなかった。どの作品のときだったか、西村青児という俳優が、それで怒られた。清水オヤジ、「芝居をするな」「手を動かすな」「じっとしとれ」と注文を出し続けていたが、とうとう腹を立てて、かたわらの助監督に、「おい、あの手を切れ」と、どなっ

たものだった。(5)

西村青児とは、清水の作品では『子供の四季 春夏の巻』『子供の四季 秋冬の巻』(ともに一九三九)や『みかへりの塔』(一九四一)に出演した俳優である。清水はなによりもロケが好きで、自然のなかでなにげなく演技する人物を撮れば御機嫌だった。そんな映像からなる世界が彼の好む映画であった。

清水宏はまだフィルムの発見される可能性があるが、小津にくらべると現存する作品の少ない作家である。しかし彼は、実に百六十本を超える作品を撮っている。映画がサイレントの時代だったときから監督をしていたとはいえ、こんなにも作品数が多いのは、清水が早撮りの監督であったことを意味している。彼はちょっとした旅行をすれば、あっというまに一本の映画を撮ることのできた監督であった。戦後、松竹を離れ、商業的な映画作りにさほど熱心でなくなったように思われるが、そんな彼が新東宝で撮ったのが、双葉十三郎が先にとりあげた『小原庄助さん』である。

小津との厚い友誼、いくつかのすぐれた作品やきわめて個性的な映画術、さらに映画における独立プロのありかたや田中絹代との短かった結婚生活などを考えると、清水の映画人生は小津だけでなく、溝口健二や山中貞雄、また黒澤明や木下惠介など以上に興味深く、もっと注目され、評価されてもよい監督である。そのような清水を早々と評価したのは、城戸四郎である。先に引用した城戸の言葉にあるように、若き日の清水作品は島津保次郎の作品と同様に商業的に当たった。そのこともあって、城戸は彼の映画をずいぶん高く評価している。

清水はメロドラマの扱い方で、師匠の池田義信の影響を多少帯びていたが、タッチの上にフレッシュなものがあった。池田のは、どっちかというと、舞台的な面がかなりある。オーソドックスであって、その通りに間違いない映画をこしらえていたけれども、それはあまりに間違いなさ過ぎて、時に刺戟が、弱まることがあったが、清水の方は割合に役者の演技を分解して、それをカメラのいろいろなアングルでとらえる。だから清水は役者の表情よりも、ストーリーから生まれる画面を想像して、その画面から逆にストーリーを表現しようとした。これは彼の新しい方法であった。だからロングの人物でも、それが全体の雰囲気を十分に表現することも出来、役者の背中から撮って、顔なんか向うを向けていても、十分に全体のニュアンスを出している。役者の表情に頼って芝居の押しをする代りに、カットのこまかさによって役者のアクティングを分解して、それを清水らしいアングルでとらえて、その積み重ねでもってストーリーを押していく、これは一つの映画の重要な技術だが、彼はその点がうまかった。(6)

そして「舞台的な芝居の押し方をしないから、くさみがない」と高く認めても、「それが昂じて後には、あまりにもくさみのないロケーション物ばかりに行ってしまった」と批判し、『有りがたうさん』は「明かに行きすぎだ」と述べている。(7) 清水は「銅像」のように師匠の池田の側に立って、池田が舞台の仕事で身につけた演出方法からなかなか抜け切れずにいるのを見て、映画的な演出方法、つまり、カメラで撮る映像に適った演出術を身につけたのであろうか。しかし、清水がもっとも清水的な作品を撮り始めると、城戸四郎はその価値に気づかず、否定的な見方をするようになる。そこにこそ清水の美点があったのだが。城戸は企業人で、映画は大衆を喜ばせ、映画館が大入りになれば満足する人であった。結局、清水は大船では仕事がしにくくなってゆく。

清水はさまざまな映画を撮っている。その特徴となると、残されている作品からいえば、学生を主人公にしたものや子供を主人公にした作品が多いことがあげられる。この点ではサイレント期の小津と似ているといえるだろう。しかし、郊外や旅先、とくに温泉を舞台にした作品が多いこと、きわめて早撮りだったこと、脚本に頼らない、自由な演技づけとなると、まったく反小津的である。それゆえ清水の映像は気ままで自由な印象を与える。それは、たとえば島津の映像のように商業的なものでもなく、小津のそれのように様式化されたものでもなく、清水の根っから自由で、細かいことにこだわらない性格をあらわしているとしかいいようのないものである。それは、自由な映像とはいっても、なにか計算的な印象の否めないヌーヴェル・ヴァーグの作家が手持ちカメラで撮った自由な映像、たとえばジャン＝リュック・ゴダールの『勝手にしやがれ』（一九六〇）のそれとも異なる、もっと清水の個性に根差した柔らかく、おおらかな映像である。現存する作品を例にあげれば、子供を主人公にしたものでは『風の中の子供』（一九三七）や『子供の四季』（春夏の巻、秋冬の巻）や『みかへりの塔』、独立プロで作った『蜂の巣の子供たち』（一九四八）や『大仏さまと子供たち』（一九五二）であり、旅先を舞台にしたものでは『按摩と女』（一九三八）や『簪《かんざし》』（一九四一）ということになる。これらの作品はまことに清水らしく、力みのない人情味あふれたすぐれた作品である。現存する作品が少ないこと、キネマ旬報ベスト・テンにはいった作品は数本あるものの、それらが子供たちを主人公にしていることもあって、清水宏の評価は生前においてもけっして高くなかった。死後、清水はいっとき、ほとんど忘れられた監督となっていた。しかし、新しい世紀には、おそらく、彼の再評価が始まるにちがいない。一九七四(昭和四十九)年八月から十月にかけて、京橋のフィルムセンターで催された「監督研究——清水宏と石田民三」で、清水の作品を初めて見て、わたしは深く感動した。たとえば『有りがたうさん』(一九三六)や『花形選手』(一九三七)や『蜂の巣の子供たち』を鑑賞したら、清水宏がもっと高い評価を受けてよい監督であることが誰しもわかるはずだ。

『有りがたうさん』は川端康成の原稿用紙数枚の短編を映画化したものである。なにかあればすぐ「ありがとう」というバスの運転手(上原謙)が主人公で、南伊豆を舞台にすべてロケ撮影をした作品である(図3)。

美男すぎることが災いとなったのか、成瀬巳喜男の『めし』(一九五一)や五所平之助の『煙突の見える場所』(一九五三)などを除けば、上原謙は作品に恵まれなかった俳優といえる。しかし、『有りがたうさん』には上原の優しさがよく表現されており、おそらく、彼の代表作の一本といえる。物語は乗り合いバスの客とバスの運転手との心暖まる単純な話であるが、なによりも清水的なのは、映像の柔らかさと素朴さである。このことを支える要素のひとつが、笠がいみじくも表現したような風物のショットである。オール・ロケということもあって、なにげない風物のショットがこ

図3 『有りがたうさん』の上原謙と桑野通子

の作品のベースとなっている。この映画に見受けられるのんびりした南伊豆の風景のショットは、開発の進んだ現代からみれば信じがたいほどであり、『有りがたうさん』は自然と人間の共存関係を考えさせるうえでも貴重な作品といえる。

『花形選手』は、陸上部の学生たちが秋の軍事訓練に泊まりがけで郊外に行ったときの、行軍や宿舎でのたわいもない出来事を描いた物語である。教官の指揮のもとに街道を団体で行軍する学生たち、彼らが途中で出会うハイキング中の女学生たち、村の子供たちなど、この作品には清水映画に馴染みの主人公たちが登場する。最後のシークエンスで、河原を走っては伏せ、銃を構える学生たちの演習を見て、自分たちを追いかけてきたと勘違いして逃げまどう旅の芸人や怪しげな人物たちの描写は、清水の得意とするもののひとつであるが、これは翌年の『按摩と女』にも見受けられる、誤解に基づく「追っかけ」の作る笑いである。清水の場合、このような出来事がのんびりした風景を背景にしばしば展開されるのである。男女の団体行動、走り回る子供たち、郊外のロケーション、追っかけの作る愉快な笑いなど、『花形選手』には清水的なものがすべて含まれている。なにか熱いメッセージを込めたというわけでない、たわいもない喜劇作品ではあるが、この作品はもっとも清水的な映画の一本である。

とはいっても、おそらく清水の代表作を一本だけあげるとすれば、彼はさまざまなタイプの作品を撮っているので難しい選択となるが、『蜂の巣の子供たち』をあげる人が少なくないと思う。この作品は、清水の個人映画といってよいだろう。清水は自分のプロダクション「蜂の巣映画（部）」を立ち上げ、『蜂の巣の子供たち』を撮っている。この映画の主人公である八人の少年たちは、清水が私財を投じて面倒をみていた孤児である。彼らと仲良くなる身寄りのない復員兵の島村も、引揚者の夏木も素人の俳優である。映画は下関駅構内にたむろする孤児たちが、彼らの親分と悪さをしながら、広島に向かって旅をつづけてゆく途中で、島村と仲良くなったり、改心したり、

図4　錦帯橋での蜂の巣の子供たちと復員兵島村

少年のひとりが亡くなったりする、清水独自のロード・ムーヴィーである（図4）。

小津が、戦後初の作品『長屋紳士録』のラストシーンに描いた、上野公園の西郷隆盛像のまわりにたむろしているような孤児たちを清水はメイン・キャストに選び、彼の得意とするオール・ロケーションの作品を作ったのである。清水がこの映画を撮った目的は、映画のタイトルが出る前に置かれた「この映画の／子供たちに／お心当りの／方はあり／ませんか」という言葉でわかるだろう。『長屋紳士録』は戦争孤児をわが子として育てようとして記念写真まで撮ったところに、実の親が現れ、その子を引き取っていくという話である。一九四七年五月封切られている。『蜂の巣の子供たち』は翌年の八月に封切られている。清水が『長屋紳士録』を見て、『蜂の巣の子供たち』を撮ったというのは考え過ぎかもしれないが、清水に何らかの影響を与えたとわたしは思いたい。

『蜂の巣の子供たち』は、登場人物の演技の生硬さ、物語の展開の甘さなどいくつかの欠点が目につくが、それらを超えて、映画的価値は高い。清水はこの作品の続編として、同じように孤児を主人公に使い、『その後の蜂の巣の子供たち』(一九五一)を伊豆山麓を舞台に、さらに『大仏さまと子供たち』(一九五二)を奈良の東大寺を舞台に撮っている。

『蜂の巣の子供たち』と「人間賞」

一九四九(昭和二十四)年四月一日号の『サンデー毎日』に「映画コンクール選定委員会記録——監督賞選定委員会」という記事が載っている。一九四八年に撮られた映画からその年度の監督賞を選ぼうとするこの審査会に出席した者は、小津安二郎、五所平之助、牛原虚彦、野田高梧、飯島正、飯田心美、岩崎昶、大塚恭一の八名である。初めの投票で十二名の監督が候補にのぼるが、つぎの投票で、吉村公三郎、溝口健二、木下惠介、黒澤明、稲垣浩、伊藤大輔、清水宏の七名に絞られて、出席者の具体的な意見が述べられる。

結論から書けば、このとき監督賞を獲ったのは木下である。それもそのはずで、彼は一九四八年に『女』『肖像』『破戒』の三本を撮っている。とくに木下の『破戒』は、のちに市川崑が撮った『破戒』（一九六二）が素晴らしかったために、わたしたちの前から消えてしまったかのようであるが、キネマ旬報ベスト・テン第六位が物語るように、水準が高かった。しかしその一方で、黒澤の『酔いどれ天使』の評価が思ったほど高くないことに驚いてしまう。この作品はキネマ旬報ベスト・テン第一位になっているし、今でも多くの人に黒澤明の代表作と認められている作品である。それなのに黒澤は監督賞に該当しなかった。これには前年に彼が同じ賞をとっていることがかなり考慮されたのだが、出席した委員の意見を読むと、とりわけ小津と五所は、ほかの出席者たち、とくに批評家たちと意見が異なり、黒澤を選ぶ意思がまったくないように感じてしまう。小津と五所のおもな発言——それは二人の発言の大半といえるのだが——を列挙する。

小津　作品以外から監督を判断するのは好まない。そういう意味から、僕は『蜂の巣の子供たち』の清水宏を一番に推したい。

小津　僕は木下、清水、稲垣の三君を推薦した。清水君に監督賞をやりたいということを頑張りたいわけではないが、他に賞がなければ日本映画の向上という見地からみて矢張り清水君に監督賞をやるべきが至当じゃないかと思う。

五所　僕は『蜂の巣の子供たち』がいいと思った。特別賞というものが設けられるなら、それで推薦したい。清水君の仕事を考えると非常に敬意を表したい。

五所　清水さんの問題は『蜂の巣』が受賞できないとすると非常に残念に思う。

小津と五所の清水への評価が並外れて高いことがわかるだろう。二人はほとんど生理的に清水を好きだといっているように思われる。と同時に、映画を撮ることの難しさを骨身にしみて知悉《ちしつ》している人の評価のように感じてしまう。このとき、同じように子供たちの世界を描いた『手をつなぐ子等』（キネマ旬報ベスト・テン第二位）を撮った稲垣浩も監督賞候補となっているが、このときの審査員の一人、飯島正は『手をつなぐ子等』について、「昔の国策映画式な匂いが残っているのが一寸いやだ」と感想を述べている。わたしもこの作品の最大の欠点はそこにあると思うが、小津や五所も『手をつなぐ子等』の稲垣浩を、清水ほどには評価していない。結局、岩崎昶の「『蜂の巣の子供たち』を作った清水君は監督賞というより映画人賞とか人間賞とかいうような賞に値するのじゃないか」という意見もあって、清水は急遽設けられた特別賞を授与されることになる。それにしても、岩崎の提案した「人間賞」とは、まことにむべなるかなといえる賞である。

今、『酔いどれ天使』や『手をつなぐ子等』を、『蜂の巣の子供たち』と比較したら、わたしたちはどんな意見を持つだろう。わたしには『酔いどれ天使』があまりにも娯楽的で商業的すぎる。『手をつなぐ子等』にたいするわたしの考えは述べた。黒澤や稲垣の作品にくらべたら、独立プロというきびしい状況下での製作条件をさほど加味しなくとも、『蜂の巣の子供たち』にあふれる人間の素晴らしさを前にして、小津や五所ならずとも、わたしも清水に一票をいれないわけにゆかない。

なぜ小津が『蜂の巣の子供たち』を高く評価したのか、その理由の一端がわかる、彼の論理的な評を紹介しておく。

監督によってはスターを使うのをあまり好まない人もある。既成スターをさけて、強い新人をえらんで配役陣を組織してゆくのだが、こういう監督の仕事は、監督にしっかりした自信があり、企画がないといけない。興行的には大きな冒険となる率が多い。だがそれが成功すれば今までにない味の画期的作品ともなり、監督の野心も実をむすぶことになるから仕事としては確かにおもしろいに相違ない。清水宏の『蜂の巣の子供たち』はそれが成功し、実を結んだ好きな例だ。(8)

三人の映画監督の風物観

この章の冒頭でとりあげたが、双葉十三郎の批評の対象となった『小原庄助さん』は、映画批評家であった岸松雄が製作し、脚本は彼と清水が担当した作品である。彼は清水の友人で、『キネマ旬報』の編集部などに勤め、のちに新東宝などで脚本を書き、さらに映画批評家としても活躍した人物である。岸は戦前から、小津と同じように、清水の作品をきわめて高く評価したひとりである。かつて京橋のフィルムセンターで催された「監督研究――清水宏と石田民三」という特集では、上映前に、健在だった岸が清水宏の思い出を楽しく、かつ懐かしく語っていた。

村一番に広い土地と大きな家屋を所有していた小原庄助さんこと杉本(大河内伝次郎)は、人の好さから、どんどん財産を浪費し、あげくに身上をつぶして、強盗には

図5　『小原庄助さん』の大河内伝次郎

いられても盗まれるものすらなくなってしまう。とうとうある朝早く、無一文となった彼がたった一人で、雨傘とトランク一つで村を去ってゆく（図5）。そこへ愛想をつかし、実兄のもとに里帰りしていた妻おのぶ（風見章子）がやってきて、二人で再出しようと駅に向かう物語である。

わたしには、天井にカメラを向けて撮った大きな柱のショットが、双葉のいうほどには清水らしい映像とは思えないが、田園の風景のなかで遊びまわる子供たちのショットや、ロバがたんぼの畦道を小原庄助さんの家へ帰ってゆくショットなどは、いかにも清水好みの映像である。双葉風にいえば、それらは風物を用いて登場人物の人の好さを、巧みさを感じさせずに表現したショット群である。双葉のいう風物病という意見にもうなずける点はあるが、清水の作品から風物のショットを取り去ったら、それは清水の映画にして清水の映画でなくなってしまうだろう。

ロケーションにおける清水は、物語の展開をほとんど無視しているように思われるときがある。彼ほど何気ない風物を、ときとして勝手気ままといえるほどに、自由に写生した監督はいない。彼の作風は映像による夏目漱石の『草枕』的世界といったらよいだろうか。つまり住みにくい世を離れ、粋人が野山に遊んで俳句をひねり、短歌を詠むように、彼はカメラを回してフィルムで自然を謳った、このうえなく独創的な映画監督なのだ。岸松雄は、先に触れたフィルムセンターにおける「監督研究——清水宏と石田民三」特集のカタログにおいて、「清水宏は旅を愛する。旅にこがれて旅をする。旅の心は清水宏の感傷を淡く彩る」(9)と、清水の旅心を巧みに描写しているが、まったく同感である。清水には「旅愁作家」という渾名がよく似合う。

いくら風物を写すといっても、小津の映画は清水のそれとずいぶん異なる。小津にあっては多くのシーンはセット撮影であり、ロケーションがきわめて少ない。また、小津の用意する実景を写した風物のショットは、多くの場合、風景のショットといいかえられるのだが、それらは清水のもののように単なる情緒の表現などではない。とくにトーキー以降の小津作品では、場所の転換や時間の飛躍を助けるなどの明確な目的が存在している。看板や洗濯物や煙突などが映されていても、そこには映された事物以上の機能が存在しているのだ。このようなことを考えると、双葉のいう「風物病」とは簡単にはいえなくなる。風物のショットは小津の映画術にあって重要な位置を占めている。

双葉がとりあげた『晩春』は、物語が鎌倉と京都というように、外国人が好みそうな、いわゆる日本的な場所で展開する。さらに父と娘の最後の旅行ということもあり、風景描写がいつになく多くならざるをえなかった。『晩春』からおよそ十年後に小津が撮った作品に『彼岸花』がある。この作品では、蒲郡でのクラス会のあと、主人公の平山（佐分利信）が京都を訪れている。小津は蒲郡での平山と三上（笠智衆）のショットのあと、京都を思わせるショットとして、観光の地で売られている絵葉書のような東寺のショット、そして遠近を感じさせない、ほとんど平らな緑の山のショットしか採用していない。目に見える京都のショットはそれだけである。佐々木旅館での女将と娘、そして平山の会話で、新婚の娘夫婦はごく簡単に京都見物をしたことを知るだけである。『彼岸花』では京都がほとんど形式化された風景のショットに還元されたといえる。ここではむしろ風物のショットは新しい姿に変身している。それは目に見えるものではなく、耳に聞こえる台詞となったショットである。娘夫婦が「菜の花漬け」をおいしく食べたと話す女将の台詞は、会話となった風物のショットの好例ではないだろうか。

それにしても小津の映画には人のいない風景や事物のショットを数多く目にするが、その最大の理由は、『彼岸花』での京都を写すショットがその好例となるように、小津が風景のショットを場面転換に用いたことによる。ところが、小津や清水と異なり、双葉十三郎の指摘した「風物病」を嫌った監督が日本にもいる。黒澤明もそのようなショットが少ない監督だが、溝口健二はその最たる監督ではないだろうか。

溝口はかつて風物的なショットを撮ることはリアリティがないと述べたという。脚本家の依田はこのように思い出している。

　溝口さんは、何度もいいますように、自然主義というべきリアリズムの観点を強く持っていた人であることは「唐人お吉」や「しかも彼等は行く」の描写から、はっきりとうかがえるのであります。その、ありのままのリアリティは、溝口さんの場合、持続した動作や表情からくる力の表現の他には考えられず、カットを重ねる、所謂、技巧的なものを強いて捨てようと努力したと思われるからです。

いわば、溝口さんはサイレント映画と合わない立場に、はじめから立とうとしていたともいえると思います。トーキーこそ溝口芸術の美点を発揮出来るものであったのです。こういう風に、いい切れる証拠があります。溝口さんは後にわたしに、「君、よく、風鈴の大写しなどをするだろう。風鈴がゆれているなどという、詩的な情緒は、大写しするもんじゃないよ。小道具のアップというのは、劇の内容上、拡大描写して細部を示す必要がある場合の他、いらんね。僕は嫌いなんだ」そういう情緒は、その画面の中にあればそれでよいといいました。(10)

ここにはすこし解説がいる。溝口にとって、サイレントではサブタイトルは説明的な字幕なので問題ないが、人物の話す会話字幕がタイトルとして画面にでてくることが問題であった。つまり、タイトルがはいることで演技が中断することに、溝口は不満を抱えていた。そこで、わたしたちが洋画を見るときの字幕のようなスーパーインポーズを採用する意見もあったという。ワン・シーン＝ワン・ショットに不都合な会話字幕の挿入をしないですむトーキーこそ、溝口が待望していた技術であった。彼がテナー歌手の藤原義江を起用した『ふるさと』（一九三〇）において、不完全ながらもトーキーに早々と手を染めた理由のひとつがここにある。引用文にあるように、溝口は風鈴を大写しにするショットを例にとり、小道具のアップというのは拡大描写して細部を示す必要がある場合にかぎると述べたという。必要がある場合とは、たとえば『残菊物語』におけるつぎのようなショットではないだろうか。寺島家から暇をだされたお徳が、新しい奉公先である植木屋の庭先で鶏に餌をやっているとき、何気なく手にしていた餅のはいっている紙袋に目をやる。つぎにクロース・アップでその紙袋を見せるショットになる。その紙袋は歌舞伎の番付の反古紙《ほごし》でできていて、菊之助の名前がそこに載っているのだ。それはまさしく、細部を見せる必要があったから挿入されたクロース・アップのショットであった。このようなショットに代表されるように、『残菊物語』の映像はまさしく溝口の主張そのもので、全編を通じて双葉のいう風物のショットが少ない。そのため画面にはほとんどいつも、おのれの人生と闘う人物が描かれることになる。

溝口の映画の多くがドラマチックな印象を与える理由は、ワン・シーン＝ワン・ショットという演劇的な映像術からできていることだけではなく、風物のショットが彼の作品にほとんどないこととも深く結びついている。このことは、溝口映画とまったく対照的といえる小津映画を思い浮かべれば納得する。用意された風物のショットがシーンとシーンの間に、シークェンスとシークェンスの間にはいることで、小津映画の場面展開に緩衝や落着きが生まれ、自然と見る者の心につぎの物語への心構えが用意されることとなる。つまり、小津の映画では風物のショットがアンチ・ドラマを作る重要な役目を担っている。

VI　成瀬巳喜男と「二人の小津」

成瀬巳喜男監督（1905年8月20日～1969年7月2日）

小津を囲む映画評論家

一九三五(昭和十)年四月一日号の『キネマ旬報』に、小津が六人の映画評論家(筈見恒夫、滋野辰彦、岸松雄、友田純一郎、北川冬彦、飯田心美)とおこなったかなり長い座談会が紹介されている。(1) 多くの評論家に囲まれているので、そのときの小津は自作のこと、歌舞伎のこと、文学のこと、エルンスト・ルビッチやキング・ヴィダーのことなど、さまざまな質問に自説を展開している。小津という監督や当時の日本映画界の状況を知るうえで、重要と思われることがらが多く語られているので、彼の言葉すべてを紹介したいほどである。

たとえば、小説家では、志賀直哉、谷崎潤一郎、里見弴をスタイルがあって好きだと答えている。また一九三四年に撮った『浮草物語』については、「監督になってから田園物というのを一本もやらないので、田舎の物をやりたいと考えていた。目下ストーリーが貧困をきわめていて、それでふいに『煩悩』(一九二八)を思い出して、あれを直そうということになった」と白状している。つまり、『浮草物語』の物語はジョージ・フィッツモーリスの『煩悩』を下敷きにした作品ということになる。フィッツモーリスといえば、小津の処女作『懺悔の刃』の下敷きとなった『文明の破壊』

（一九三二）を撮った監督である。また、岸松雄の「セットについては小津さんは全部自分で図を引きますか」という質問に、「引きます。ずっと前から自分でしています」とも答えている。ここには映画監督として、なにからなにまで一人でやろうとする小津の心構えがうかがえるだろう。さらに彼は、つぎのような俳優に対する演出論も述べている。

岸　芸と云えば、役者は小津さんと清水宏氏の場合は違っていて、よく意見を異にするということはないですか。

小津　清水宏は俳優は下手でもいいと云う。僕はそれでは困る。俳優に妥協し過ぎるとよく清水から云われます。確かに僕は俳優には妥協する。これは已《や》むを得ぬと思う。例えば或る俳優がいるでしょう。俺はこんな所で、こんな顔をして貰いたくないが、この俳優はこの顔をするので、一般のお客に人気があると云う場合に、意味なくちょっとその顔をさせちゃうのですよ。

筈見　お客の人気というのは悪い意味でなく、それが一番よくて効果が出せるという意味でしょう。

小津　結局僕はいけないと思う。俳優の手の上げ下げから、歩き方にまで細々と注文を付けて、そんな所へ来て、僕が妥協するのでは、俳優に済まぬと思う。

小津の細かな演技づけは有名な話である。とりわけ新人にはそうだったが、多くの俳優たちが箸のあげさげや茶碗の持ち方まで指導されている。おそらく戦後になると、小津がここで話した俳優への妥協は少なくなり、ほとんどすべて小津流の演出で統一され、その結果、驚くほどに様式化されたショットが繰り広げられるようになった。

もっとも多く小津映画に出演した笠智衆もまた、自ら不器用であると語っているように、ひとつのショットでなんどもなんども演技指導を受けたことで有名である。彼は清水の作品にも数多く出演し、清水映画の素晴らしさをよく知っていた。その彼が清水と小津の演技づけについて、つぎのような面白い証言をしている。

小津先生の『一人息子』の後、息子役をやった日守新一さんが、清水組の『按摩と女』に呼ばれた時、清水オヤジに、

「おい、日守くん。うちは小津くんところとは違うから、自由に動いていいぞ。どんどん動け」と言われ、大笑いしたことがあったそうです。小津先生の細かい

演出と違い、清水オヤジのは、俳優の好きなようにやらせました。ただ、お二人ともオーバーな演技が嫌いなのは同じで、オヤジも、やり過ぎると怒っていましたね。(2)

しかし、小津映画を考えるとき、小津を清水と比較するより、成瀬巳喜男と比較したくなる。清水が小津の身近にいたため、両者を比較した発言や文章が多いのは理解できるが、戦後、華々しく活躍した成瀬を思うと、わたしとしては成瀬を小津とくらべたくなる。なぜなら、一見して二人の撮った世界がきわめて近いようでありながら、表現方法がまったく異なると思えるからだ。

ここでごく簡単に成瀬巳喜男（一九〇五～一九六九）を紹介する。彼は東京都四谷に生まれている。父は高価な和服を飾る縫箔職人であった。腕に職をつけようと工手学校（現、工学院大学）に入るものの、父が早死にしたので、家計を助けるために、一九二〇年、できたばかりの松竹キネマ蒲田撮影所に入っている。最初は小道具係であった。若かったこともあり、なかなか監督に上がれなかったが、一九三〇年、城戸所長がシナリオを書いた『チャンバラ夫婦』で、初めてメガフォンを取っている。この間、すでに清水宏はもちろんのこと、五所平之助、小津安二郎が、後から入ったにもかかわらず、監督に昇進していた。

小津を囲む座談会には成瀬の名前が二度登場している。

一度目は、小津が蒲田撮影所に入所した前後のことを訊かれたときである。小津は一九二三（大正十二）年八月入社し、二七（昭和二）年八月監督になり、この間に一年志願兵で鉄砲を担いでいたと述べたあと、「蒲田へ来て一番初めに友達になったのは誰なんです」という飯田の質問に、「成瀬巳喜男、茂原英朗、なんかとはかなり早い」と答えている。それもそのはずで、成瀬は小津より二歳若いが、小津が蒲田の門をくぐったとき、すでに成瀬は池田義信の助監督として働き、茂原は撮影助手をしていた。

二度目は、筈見が成瀬と会ったとき『浮草物語』を評価したら、成瀬に小津がトーキーを撮らないのはよくないといわれたと述べたおりである。それにたいして岸が「成瀬氏のいるP・C・Lではサイレントは撮れないじゃないか」と奇妙な反論をしている。この座談会は一九三五年春におこなわれたので、成瀬は松竹蒲田を離れてP・C・Lに移籍して一年も経っていないが、すでに川端康成の原作『浅草の姉妹』をベースとし、成瀬が脚本を書いた『乙女ごゝろ三人姉妹』（一九三五）を撮り終えていた（図1）。それは成瀬にとってP・C・L移籍後、初の作品であり、かつ初の

図1 成瀬が撮った初めてのトーキー映画『乙女ごゝろ三人姉妹』の雑誌広告

トーキー作品だった。岸の言葉が示すように、できたばかりのP・C・Lでは、当時としては最新の映像機器を備えて映画を製作していた。

「小津は二人いらない」

成瀬が蒲田で撮った最後の作品は『限りなき舗道』（一九三四）である。この作品は、誰も撮る人がいなかったので彼のところに回ってきたものだった。自作について語る成瀬の言葉を紹介する。

それで一番末席——僕は松竹を出るまで末席だったのですから——の僕の処に廻ってきたのですね。（中略）こいつを撮ればあとは好きなものを作らしてやる、といわれましてね。で普通にまとめ上げたんです。忍節子という新人主演です。スターの伏見のぶ子に似てるというんです、交換手かなんかしていたのを連れて来たのでしょ、芝居ができる筈はありませんよね。

ここで約束通り次にやらせてもらうものの準備にかかりましてね。林芙美子の短編でカフェの女給の話、僕好みのものなんです。死んだ池田実三と箱根にこもって、それを脚本にした。全然思い通りのことをしましたね。そこへP・C・L

から、成瀬を貰いたいと城戸さんに言って来たわけです。[3]

成瀬によれば、これより一年ほど前にも移籍話があったが、そのときは城戸所長が一本作ってからといって、移籍を許さなかった。九十五円という薄給などを含め、監督としての成瀬は蒲田では冷遇されていた。そこへ再度、P・C・Lから移籍の申し出があったのである。成瀬自身は移籍した理由をふたつあげている。

第一には、ここで一つ外に出ようという気持ち――僕は元来の出無精ですからね。それに第二は、ほら、そろそろトーキーの時代でしょう。それが松竹だと何しろ末席だからいつトーキーを撮らして貰えるかもわからないのですよ。それでPCLに移ることにしました。松竹とPCLとの印象ですか？　そう、松竹は撮らしてやる、PCLは撮って下さい、そのちがいはあったのじゃないかしら。[4]

成瀬は松竹キネマ蒲田撮影所でひと月九十五円だった給料が、P・C・Lでは三倍以上の三百円となり、さらにシナリオ一本につき百円を受けとることになった。そして蒲田の下宿から、下北沢のアパートへ住まいを移している。その引っ越しを岸松雄や藤本眞澄《さねずみ》が手伝った。

成瀬が松竹蒲田からP・C・Lへと移籍した大きな理由は、トーキー作品を撮りたかったということになる。しかし、そうだろうか。蒲田での成瀬の不遇ぶりを理解すれば、この移籍は成瀬にとって当然の帰結といえる。かつて城戸所長は、成瀬の映画が小津のものと内容が似ているために、そしておそらくあまり客の入りがよくないために、蒲田撮影所では「小津は二人いらないんだよ、成瀬くん」と、彼を戒めたことがある。[5] 城戸のこのような言葉は、控え目で、繊細な成瀬をひどく傷つけたことであろう。事実、成瀬はこのことを酒がまわると口にしたという。

では、成瀬を貰いたいと申し込まれた城戸所長はどんな気持ちで、成瀬をP・C・Lへ手放したのであろう。やや長くなるが、城戸の言い分を紹介する。「成瀬巳喜男のこと」と題するこの文は、成瀬だけでなく、城戸の人間像まで鮮やかに物語っている。

> 僕の理想を体得して、新しい松竹映画の樹立に邁進した監督は、島津、清水、五所、小津等と、次ぎ次ぎに頭角をあらわして来たが、次いでは成瀬巳喜男が世に出て来た。成瀬は池田義信について助監督となったが、その前は小道具係だっ

た。もともと映画が好きで、何でもいいから映画の仕事をしたい、というので、蒲田へ入って来たのだそうだ。だからはじめは何でもいいというので、小道具係にいたのだというふうに僕は聞いている。おそらく野村芳亭時代に入って来たのだろう。

処女作のころの成瀬は、今でもそうだが、兎角監督が偉くなるとジェスチャアが大きく、仕事がながくなるものであるが、実に黙々とやっているという感じだった。人に反感も持たれない代りに人に存在も認められないという、じっとおいておけばそのまま、よほど注意しないと認められないで終るという静かな感じの人で、声も低いし、話をするのでも遠くから話のできないたちだった。今でもそうだと思う。三間離れてどなれない人ではないかと思う。

僕の記憶の範囲に生きている成瀬は、しじゅうシナリオを書いて僕の所へ持って来ていたことだ。その点では木下惠介もよく似ている。自分で書いたシナリオが、いつ映画になるのか、ならないのか、そういうことに頓着なく、後から後からこういうものを書いたから見てくださいと新しいシナリオを持って来る。それが成瀬と木下だった。(6)

と成瀬の人物像を描いたあと、初期の成瀬映画のなかでは評判となった『チョコレートガール』（一九三二）という作品で、主役を演じた水久保澄子の脱退問題に話がそれる。小津作品でいえば、彼女は『非常線の女』に不良学生の姉役で出演している。それから城戸は本題に戻る。

成瀬の作品は、その後、水久保を若い芸者にした「君と別れて」が旬報のベスト・テンに入り、つづいて「夜毎《ママ》の夢」が栗島の淪落《りんらく》の女で、やはりベスト・テンに入り、「僕の丸髷」「双眸」と、だんだん大作を手掛けるようになった。その成瀬が、北村小松の新聞もの「限りなき舗道」を作って間もなく、昭和九年六月にＰＣＬ（東宝の前身）へ行った。それはＰＣＬの森岩雄から正式に頼んで来たので、こっちも快く承知したのだが、今じっと考えてみると、やはり僕の若気の至りだった。当時の成瀬は成瀬なりに、僕の方に不満もあり、撮影所の空気の中に上がつかえて伸び切れないものがあったのかも知れないけれども、いきなりＰＣＬの森岩雄から、こっちの方に成瀬さんをくださいと云って来たのである。

僕の方は、成瀬に不満があるならあるで云えばいい。何も云わずに、いきなり

ＰＣＬと話をつけて、表門から云わせて来たので、僕も若いからカチッと来たらしい。だから僕は、逆に腹をじっと押さえて、「どうぞ」ということになった。未練らしいものを見せまいとした。われ乍《なが》ら気障でお恥かしい話だ。向うじゃ、城戸が敵を愛してやれということで、度量を見せたのだ、と思ったかも知れないが、僕も実を云えばそこまで度量はなかった。けれども、おそらく僕が、成瀬を買うよりも、森の方が、どうせ入れようと思っているのだから、高く評価したことは事実だったであろう。それはそれでいい、ＰＣＬ行きについて、成瀬は心ゆたかに行けたというかもしれないが、僕自身は成瀬にやはり未練なり、将来の期待というものは持っていた。持っていたけれども、例えば、未練のある女の方から、先にカチッと云われたら、男として、腹の立つ方がよけいになる。だからはっきり云えるが、成瀬には一言のぐちも、とどまれとも云っていないのだ。どうぞ行ってくれ、僕に恥をかかさないように働いてくれ、と云った。長い間には、こういうこともあるものだ。(7)

負け惜しみがあらわれた言葉であるが、なにか所長としての城戸のわがままを感じてしまう。成瀬の言葉によれば、二度目の申し出で、城戸は成瀬の移籍を承諾したのである。移籍後の成瀬の活躍に、城戸は「逃がした獲物の大きさ」を痛感したことであろう。成瀬の優しさ、繊細さ故のおとなしさを、心から理解せず、彼を冷遇した結果である。

ところで、成瀬の移籍問題を小津はどのようにとらえていたのだろう。このことに触れた文が、小津日記にごく簡単にしたためられている。一九三四（昭和九）年六月十八日（月）の全文を紹介する。

佐々木康の髯と女を見る　まことに面白からず
後楽→丸の内松竹に行く
成瀬巳喜男　松竹をやめてP・C・Lへ行くと云ふ　それもよし

この短い言葉から、小津の真意を推し量ることは難しい。監督という同じ仕事についている者として、松竹での冷遇は十分承知していたことなので、「それもよし」としたためたのだろうか。成瀬がP・C・Lへ移っても、成瀬と小津の友情は切れることはなかった。たとえば、同年の九月二日と十月二日に、二人は岸松雄と飲食をしている。

蒲田撮影所にあって、成瀬が小津的な小市民の世界を描いたことで、小津と似ているという批評はあまりにも短兵急な結論であろう。二十代後半の若い監督では、まだ自分の個性や社会にたいする視点が定まっていなくとも当然である。戦後の成瀬映画を数本見れば、彼の描いた世界が小津のものと異なり、城戸の批判的な「小津は二人いらない」という言葉がまったくの誤りだと理解できる。すぐれたホームドラマを撮った小津ではあったが、成瀬が好んで描いた市井に生きる男と女の関係はうまく描けなかった。

ロケーションとセット

一九五二（昭和二十七）年の師走、小津は『東京新聞』に四回にわけて芸談を載せている。そのなかで、小津はセットとロケーションの撮影について述べている。ここでは清水だけでなく、小津の先輩格にあたる島津保次郎も例として登場する。

ぼくはロケーションが好きでない。セットでも行けると思う芝居はセットへ持ち込む。ロケーションは天気にも左右されやすいし、スターに群衆の前で注文はつけにくいから、気をつかうし、思い切った事ができない。その結果、ロケーションもセット向きに撮ってしまう。反対なのはなくなった島津（保次郎）さんだった。この人は、セットもロケーションみたいに撮った。中を行くのが清水（宏）で、彼は彼らしくロケーションはロケーションらしく、セットはセット向きに軽く監督してのけている。(8)

ここで小津が触れた島津は、一時、小津や清水以上に松竹ではもてはやされた監督である（図2）。のちに、女性問題で金が必要となったらしく、P・C・LとJ・Oスタジオが一九三七年に合併してできた東宝へ移籍している。(9) 松竹蒲田での作品は一九三九年封切りの『兄とその妹』が最後で、翌年からは東宝で作品を撮った。しかし、彼の場合は成瀬のようにはいかず、一九四五年に胃癌で亡くなったこともあり、泉鏡花の同名小説を映画化した『白鷺』（一九四一）を除けば、移籍後の作品には見るべきものがない。『白鷺』を褒めたが、これも甘く採点してのことである。わたしが見たかぎりでは、松竹時代に撮った『隣の八重ちゃん』（一九三四）が島津のベスト作品である。

小津はここで成瀬を引き合いにだしていないが、成瀬映画におけるセットとロケーションはどうだろう？　黒澤明や成瀬の助監督を経験した堀川弘通は、つぎのような興味深い経験談を書いている。

あるとき、私は成瀬組のロケハンに付き合ったことがあった。いろいろな監督に付き合うと、ロケハンしていて「これは絵になる」という場所はだいたい我々と一致するものだが、成瀬はそうではない。できるだけ絵にならない場所、人物の芝居に邪魔にならない、さりげない場所を選ぶのである。成瀬がジッと動かないで、ある場所を見つめている時など、「ここだな」とこちらは思う。ところが撮影所に帰ってきてロケ場所を整理するとき、こちらが早トチリして、「あすこですね」というと、「違うよ、君。三番目のところだよ」と言われて、こちらは慌てる。成瀬があっさり通り過ぎたところが、ロケ場所だったりするのである。(10)

図2　島津保次郎監督（1897〜1945）

なんと成瀬的なロケハンだろう。成瀬映画の美質のひとつ「自然であること」「何気ないこと」のわけがここにある。堀川の述べたことの延長線上にあるが、映画評論家の佐藤忠男は成瀬のセットとロケーションの撮影について述べている。

だいいち人通りの多い街のロケーションなどは嫌いで、どうしても街頭のロケーション撮影をしなければならないばあいには、まだ人通りのない早朝などに通行人のエキストラを雇って撮影した。つまり、都市を舞台にしてもそれで撮れる程度の住宅街や横丁の商店街をセットで作って、そこに何気なく穏かで親密な日常生活のぬくもりを描き出すときに、じつにいい味わいを出した。いちばん好んだのは路地裏で、東京じゅうの路地の情景に精通していたと言われる。(11)

たとえば、成瀬の代表作の一本『おかあさん』(一九五二)は、佐藤がいう「何気なく穏かで親密な日常生活のぬくもり」にあふれたセット撮影を多用した作品といえるだろう。

ところで、佐藤の語るように、成瀬作品には路地裏がしばしば登場する。この点は小津作品にもあてはまる。では、両者の描く路地のショットにどんな違いがあるのだろう。

まず、小津のカメラの位置である。周知のように小津のまなざしは、いわゆるロー・アングルによる撮影のため、低く奥行きを感じさせる。しかも、直線的な路地がすべてといえる。さらに小津の撮る路地は、ロケーションであれセットであれ、ほとんど同じである。これは、小津自身が話すように、「ロケーションもセット向きに撮ってしまう」ということのあらわれである。その結果、ロケーションのショットも、なにか人工的な構築物の印象を受けることがある。なぜなら、たとえば小津の路地のショットにはT字形が多く、このことは小津が学校や会社の廊下を撮ったショットを思い起こさせるからだ。そしてそれらのショットには、看板やビールびんなどが好例となるように、なにか作為的な事物が明確にその存在を主張しているから。それほどまでに、小津の撮る路地や廊下のショットには、彼の美学が反映している。

では、成瀬のまなざしはどうだろう。彼の撮る路地のショットは、信じられないほど自然な映像である。誇張しないこと、目立たないこと、いわばそれは、眼を凝らしてはっきり見るのでなく、何気なく見たショットのようである。もちろん、視点は小津のそれより上にある。成瀬には、小津の「ロケーションもセット向きに撮ってしまう」ということはない。むしろロケーションもセットも差がなく、ひとつづきの空間のように撮ろうとしている。市井の男女が特殊な生活などしているわけがない。彼らは下町の路地裏に、ひっそりと生活している。そんな彼らをあるがままに撮るための映画術こそ成瀬の独壇場である。そのような路地のショットには、作為的なもの、存在を主張するものがあってはならないのである。

一例をあげよう。元芸者で今は金貸し業にいそしんでいる主人公、倉橋きんを杉村春子が演じている『晩菊』(一九五四)は、セット撮影と巧みなロケシーンをないまぜにした成瀬作品の傑作である。映画からは彼女の住む家がどこにあるのかさだかでないが、下町の路地の一角にあることだけは映像からよくわかる。この作品における杉村の住む家のロケ撮影は、戦災にあわなかった本郷菊坂界隈でおこなわれたことが知られている。事実、今も菊坂界隈に残る路地や建物を『晩菊』のいくつかのシーンに発見できる。たとえば彼女の住む家は、あの有名な樋口一葉の使ったといわれる井戸の真ん前にあるという設定になっている。成瀬は、杉村の住む家のセット撮影から、その家の玄関先に見える井戸を写し、その向こうに広がる路地のロケ撮影までを間断なくおこない、まったく信じられないほど自然な下町の住空間を表現している。

ほかにも両者の映画には明白な違いがある。ひとつ紹介しよう。成瀬作品は原作のあるものを映画化していることが多いため、どうしても物語の時間が長い。林芙美子の自伝的小説を映画化した『放浪記』（一九六二）が好例となるように、彼は主人公の生きる長い歳月を描く場合が多い。この結果、どうしても場面展開が緊密さに欠けることがあり、しばしば成瀬は急ぎすぎていると感じるときがある。たとえば、『おかあさん』における長男や父の死がそうである。一体全体、この物語は何カ月間の、もしくは何年間の出来事だったのだろうか。このようなことは、成瀬の芸道物『鶴八鶴次郎』（一九三八）や『歌行燈』（一九四三）にもあてはまる。

しかし小津は、このような物語を描くことを避けている。それは、小津流のリアリズムを追い求めた結果と考えられる。彼の代表作『東京物語』は何カ月間の物語だろうか。この質問に正確に答えることはできなくとも、物語の場面展開に飛躍はなく、見ている者だれもが、およそ二、三カ月以内と考えるのではないだろうか。たしかに戦前、戦中の小津は、『母を恋はずや』『一人息子』『父ありき』のように、人の半生を描くことをしている。しかし、そのような場合には、初めに主人公の子供時代を子役を使って描き、つぎに成人した主人公を画面に登場させている。

こうしてみれば、小津と成瀬の物語と、それに関わる映像が異なっているといえるだろう。

『浮雲』讃

描かれた内容に好き嫌いはあると思うが、おそらく成瀬の最高傑作は『浮雲』(一九五五)である。小津はこの作品を見たとき、つぎのように語ったという。笠智衆の思い出である。

ある日、わが家からフラッと先生たちの仕事場に顔を出してみたことがあった。すると小津先生が、「おお、笠さんか、実は二人で、これから小田原へ映画を見に行くのだが、一緒に行かないか」と誘ってくださった。ちょうど成瀬巳喜男監督の「浮雲」が公開されていて、それを見に行くのだという。喜んでお供をすることにした。

小田原に着いて映画館に入ったら、もう「浮雲」は後半の部分に差しかかっていた。二本立ての上映なので、そのあと、もう一本の作品があった。それを見終えて、また「浮雲」を頭から見直したのだが、さっき見始めた個所へ来ても、二人は出ようとしない。結局、もう一度、最後まで見届けた。

映画館を出てから、二人とも、口数が少なくて黙りがちだった。そのうち、小津先生がポツリと、こう言われたものだ。「ことしのベストワン、これで決まりだな」と。その予言通りに、「浮雲」は、その年、昭和三十年のキネマ旬報のベストテンのトップになったのだった。(12)

小津は『浮雲』を高く評価し、このとき成瀬巳喜男やこの作品で主役を演じた高峰秀子に賛辞の手紙を書いている。一九五五年頃まで、小津は数カ月のあいだ定宿の茅ヶ崎館に投宿して、野田高梧とともに、次回作の脚本を書いていた。二人は息抜きも兼ねて、たまたまやってきた笠智衆を伴って、小田原まで見に行った『浮雲』に深く感動した（図3）。そこには、小津の苦手とする生々しい男女の世界が見事に描かれていた。

この作品の撮影を担当した玉井正夫は思い出している。

『浮雲』が完成したある日、いつもの渋谷の飲屋「御殿」に私は誘われた。成瀬は飲みながら「おっちゃん（小津監督）に手紙を貰い、『浮雲』を褒められた。『俺にはできない写真である』と激賞された」と嬉しそうだった。(13)

高峰秀子が主演した小津作品は戦後では『宗方姉妹』の一本だけである。戦前では『東京の合唱』に病気になる子供の役で出演した経験がある。彼女はこのように書いている。

小津作品にたった一本主演した私は、また、小津先生にたった一本のお手紙を頂いている。それは成瀬巳喜男監督の「浮雲」に対する、おほめの手紙であった。「成瀬にとってもデコにとっても生涯最良の仕事だろう」というつぎに「早く四十歳になれ、そして俺の作品にも出ておくれ」とあった。その一行の文章に、私は三度、心が震えるのをおぼえた。(14)

笠や高峰の言葉を裏づけるように、小津日記には当時のことがつぎのように書かれている。

一九五五年二月九日（水）
快晴　朝めしのすんだところに笠くる　酒二本も
らふ　車を呼んで野田さんと三人小田原東宝に出

図3　田中絹代の賞賛の言葉がある
『浮雲』封切当時の新聞広告

かけて　浮雲と明治一代女を見る　浮雲に大変感
心する
烏賊麴漬を買つてアサヒでビールをのみ　八時五
十三分で茅ヶ崎に帰る　小雨となる　丸福によつ
て酒とすし
浮雲をみて大変気持ちがいゝ

一九五五年二月十一日（金）シナリオめしをよむ　これハ感心しない　説明が多いからだ

昼寝　入浴　夜野田さん浮雲をよむ　辰野隆さん

高峰秀子に手紙を書く

小津は『浮雲』に心から感動した。そして三人で酒を酌み交わし、小雨のなか、茅ヶ崎へ帰ってきた。脚本家である野田はさっそく『浮雲』のシナリオを読んでいる。日記から、小津自身はこの月の下旬から三月にかけて、そのシナリオを読んだことがわかる。

同じ時期、蒲田撮影所で働いた偉大な二人の監督の友情はここまでつづいていた。かつて城戸に「小津は二人いらない」という批判的な言葉を受けた成瀬は、小津が描きたくても描けない、市井の男女の愛憎劇を見事なまでに描いたのである。笠たちと小田原で見た『浮雲』の感動は、小津の素直な褒め言葉となって、成瀬や高峰にしたためられたにちがいない。

Ⅶ 木下惠介と日本のカラー映画

木下惠介監督（1912年12月5日～1998年12月30日）

二本の『カルメン故郷に帰る』

「天然色映画」という言葉にはレトロな雰囲気が漂っている。この言葉は、カラー映画が誕生したとき採用された三色転染方式（三色分解カメラを用いた撮影方式）にこそぴったりした訳語ではないだろうか。この方式で撮られた初期の映画は『クカラチャ』（一九三四）や『虚栄の市』（一九三五）などのアメリカ映画であるが、本格的な作品といえば『風と共に去りぬ』（一九三九）であることはいうまでもない。色彩を三色に分解して保存するため、変色や退色に強いことがつとに知られている。ビデオが登場する前までは、一定の年月をおいて、『風と共に去りぬ』が何度もリバイバル上映された理由もここにある。しかし、機動性に乏しいカメラや撮影に経費がかさむため、この方式に代わって、一本のフィルムで天然色の映画を撮影できるカラーフィルムの開発がフィルムメーカーに求められた。

日本で初めて公開上映されたカラーの劇映画は、ウラル地方の民話を映像化した『石の花』（一九四六）というモスフィルム作品である（図1）。この作品はソヴィエト初のカラーの劇映画で、フィルムにはアグファカラーが使われた。このフィルムはドイツのアグファ社がアメリカや日本に先駆けて、一九三六年、実用化に成功したネ

図1　ソヴィエト映画『石の花』(1946)

ガ・ポジ方式の映画用カラーフィルムである。敗戦のため、旧東ドイツ領内となったアグファ社の工場がソ連によって接収されたことが、ソヴィエトにおける『スポーツ・パレード』(一九四五)や『石の花』というカラー映画の製作に結びついたといえるだろう。『石の花』の日本での公開は一九四七(昭和二十二)年のことである。では、それまでカラー映画が日本人の目に触れなかったのであろうか？　高峰秀子は、戦時中の一九四二年、東宝撮影所において秘密の試写会があり、数人の軍人同席のもと、『風と共に去りぬ』や『ファンタジア』(一九四一)を見ている。(1)彼女は軍がその当時の日本で、上映禁止となっていたアメリカ映画の試写をした理由を知らないという。このとき上映された二本の作品は、日本軍が南方で接収したものと思われる。高峰の証言でわかるように、わが国の映画人のなかには、戦時中にもかかわらず、敵国の製作したカラー映画を見た人がいた。小津もそのような人たちのひとりであった。彼は、まったくの偶然であるが、軍の要請で映画撮影に赴いたシンガポールで、日本軍によって接収されていた数多くのアメリカ映画を見ている。そのなかに『市民ケーン』（一九四一）や、お気に入りとなったジョン・フォードの『わが谷は緑なりき』（一九四一）などの白黒作品のほかに、『風と共に去りぬ』や『ファンタジア』などのカラー作品もあった。小津はこのとき、映画の内容以上に、それらの映像の水準が高いことに驚いている。

わが国で一般劇場用として初めて作られたカラー映画は、木下惠介が撮った『カルメン故郷に帰る』（一九五一）である。アメリカより十年以上遅いカラー映画の誕生であった。国産のフジカラーを使った作品であるが、日本映画協会からの要請を受けて、松竹が製作したものである。木下が日本初の劇場用カラー映画を撮るという栄誉を得たことには明確な理由がある。カラー作品は経費がかかるため、その興行はぜひとも当たる必要があった。木下作品の多くが安定した水準にあり、興行面での信用が高かったため、松竹の彼に白羽の矢が立ったのである。物語の中心は生まれ故郷の浅間山麓に帰った純真なストリッパーが巻き起こす騒動である。主役のストリッパー、リリイ・カルメン役に人気の高かった高峰秀子をキャスティングしている。物語の主人公がストリッパーであることや、木下作品に馴染みの高峰秀子や佐田啓二を出演させたということは、当然、興行の確実な成功を考慮したためと考えてよいだろう。

日本初の本格的なカラー映画ということで、『カルメン故郷に帰る』の撮影には、監督をはじめスタッフ、キャストともども大変苦労した。このときの状況について触れた監督自身の言葉をつぎに紹介しよう。『カルメン故郷に帰る』が生まれた背景もよくわかる。

「婚約指環」の前に監督協会からフジカラーで色彩映画をやろうという企画が出て、資金の面などで松竹がいいだろうということになり、松竹でもそれなら木下というので、監督協会から推薦を受けて色彩劇映画の準備にかかりはじめたのです。でもカラーは金がかかるので作品はうんと当らなければいけないでしょう。だから面白い活劇物をと企画して、「アルプスの死闘」という脚本を書いたのです。アルプスにロケハンに行ったのですが、ところが向うは秋が早い。これではとても撮りきれるものではないと、一週間ぐらいで「カルメン故郷に帰る」を書いたんです。上高地から帰る列車のなかで、あの話を考えたの。

フジのほうの注文が、セットは自信がありませんからなるべくロケして下さいというんでしょ。それならオール・ロケがいいだろうといったら、セットも撮れますというデモに、ワンシーンぐらいは入れてくれというので、撮ってみたら、校長先生の家ともうひとつは教室があったのですが、教室は失敗して切っちゃった。

カラーには苦労しましたね。芝居にNGをだしながら、太陽を待ってオーケイになると、大急ぎでもうひとつ白黒で撮るんでしょう。

演出っておもしろいとおもったな、カラーを白黒に代えてまたやり直すうちに、前よりももっと芝居がよくなっちゃうのです。それで「カルメン」は白黒のほうがだんぜんいいのですよ。いってみれば白黒が清書でカラーが下書きみたいなものね。ロケで天気ばかりにらんで、しかも急ぐでしょ。だからカラーはとことんまで演出ががんばれないのです。しかも色彩のデータがないでしょう、カットのかわり目で調子がちがったら怖いから、「カルメン」はまわしっぱなしで、ショットがきれないの。いまの大映カラーなら、この色はどう映るということになっているけれど、僕の場合はどんな色に映ってくるのかわからないんですもの。ラッシュはロケが全部終って帰ってからですからね。[2]

木下が冒頭で述べている『婚約指環』（一九五〇）は「エンゲージ・リング」と読ませた作品である。渡米した田中絹代の帰国第一作ということで、カタカナのタイトルになったのである。作品の出来はけっして高いものではない。木下はこの作品を「三島由紀夫さんだけがほめてくれた」[3]と思い出している。東宝争議があったため、他社である松竹映画に出演したニューフェース三船敏郎の男臭さを、三島は気に入ったのであろうか。

初めてのカラー作品は、カラーの調子との格闘であった。そのこともあって木下組は、用心深く、白黒の『カルメン故郷に帰る』も撮影した。木下だけでなく、この映画に校長役で出演した笠智衆も、白黒で撮った作品のほうがよくできていると述べている。[4]

『カルメン故郷に帰る』を見ると、カット割りが少なく、ワン・シーン＝ワン・ショットが多用されているために、映像に変化が乏しいことに気づくが、その理由は木下の言葉からよくわかるであろう。「カットのかわり目で調子がちがったら怖いから」、ひとつのショットが長いのである。こういうことを考慮すれば、白黒で撮影された『カルメン故郷に帰る』のほうが、カラーの『カルメン故郷に帰る』より、俳優たちの演技の回数が増しているので、うまくなって当然である。

主演の高峰秀子は、とくに笠智衆の肌の色が、テストだけではなく本番になってもうまくゆかなかったことを、楽しく思い出している。

> カラーテストは、慎重に、というよりも執拗なまでくり返された。どういうわけか一番ヘンテコな顔色に発色するのは校長先生に扮した笠智衆で、白く塗ればオハギにキナコをまぶしたようにまだらに映り、茶色く塗ればまるで安物の文鎮のような鉛色になる。笠智衆のテストフィルムが映るたびに、スタッフ一同は呆然として首をひねった。楠田カメラマンも遂に途中でサジを投げたのか、「カルメン故郷に帰る」の完成試写の中で、笠智衆だけが、まるで腐蝕した銅像のような顔色なのが、笑っちゃ悪いけれどコッケイだった。[5]

高峰によれば、彼らを困らせたのはカラーフィルムの調子だけでなかった。フィルムの感度がＡＳＡ６しかなかったため、セット撮影でもロケ撮影でも、俳優たちはや

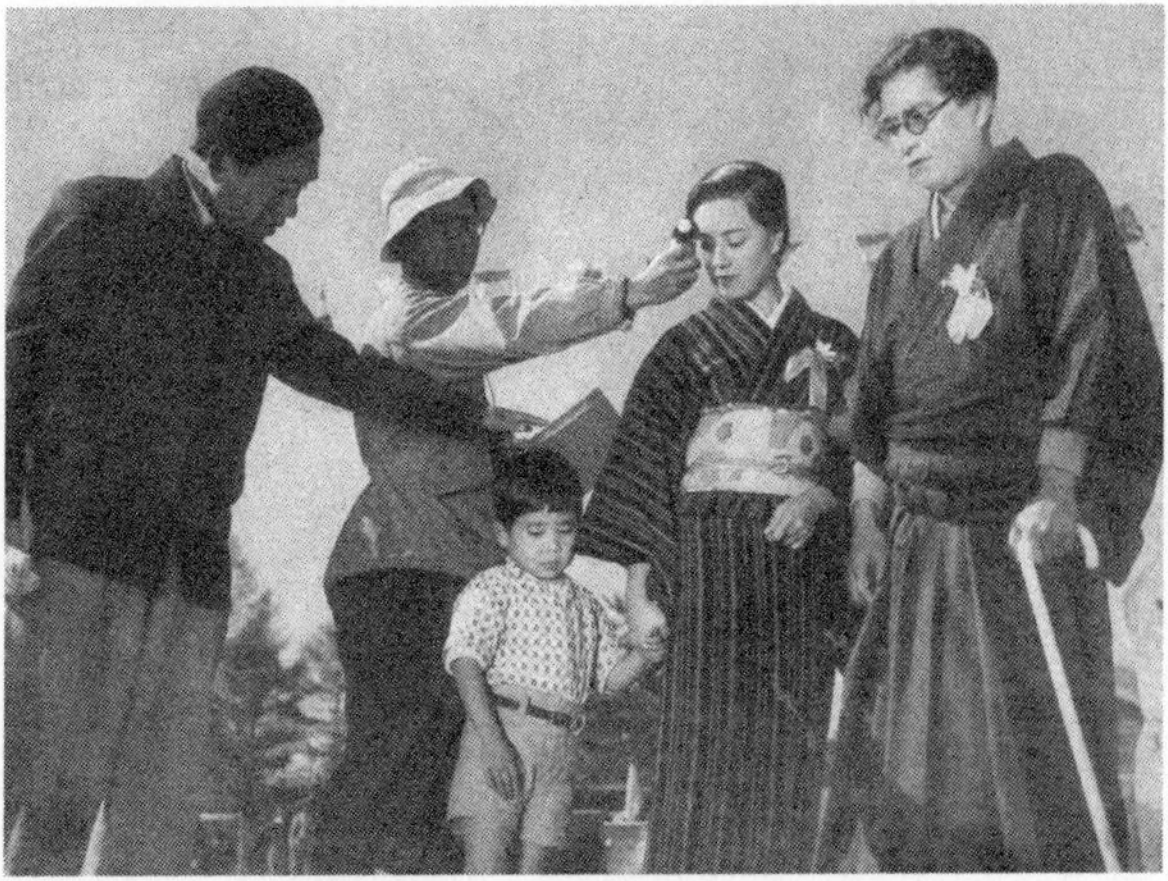

図2　『カルメン故郷に帰る』の撮影スナップ：サングラスをかけて目の不自由な役を演じる佐野周二（右）

たらに照明をあてられ、撮影中は暑さとまぶしさで、命がけの仕事に近かった。とくにストリッパー役の高峰と小林トシ子は、身体中に砥《と》の粉《こ》を混ぜた水白粉を塗るため毛穴がふさがり、暑さが倍増した。ライトやレフレクターのまぶしさでいえば、目の不自由な作曲家役の佐野周二だけが、サングラスをかけ、のんきに演技していたという（図2）。

カラー撮影に関するすべてのことが初めてであった。撮影が難航することを予想して、助監督には小林正樹のほか五名、撮影はいつもの楠田浩之に加え、後年、武満徹の音楽を背景に、沖縄のあまりにも美しい自然が繰り広げられる『青幻記』(一九七三)を監督する成島東一郎ほか六名も撮影助手としてついている。

日本初のカラー映画

日本における最初のカラー映画は『カルメン故郷に帰る』よりもっと以前に作られている。(6) 杜重直輔という人物が、マルチカラー(いわゆる上海カラーと呼ばれたもの、シネカラーの前身)という二色式カラーの方法で、一九三七(昭和十二)年に『月形半平太』『唄え青空』『千人針』の三作品を製作している。また一九四四年、小西六(コニカ)がコニカラー・システムで、『クマ公の釣り』というアニメーションを製作している(図3)。

東宝は戦後すぐ、タイトル部分のみにであるが、小田基義が監督した『十一人の女学生』(一九四六)にフジカラーを用いている。これは二色外型反転式なので、その色合いは不十分なものだった。本格的な映画用のカラーフィルムによる作品といえば、それからまもなくして作られた短編の、いわゆる文化映画があげられる。第一回フジカラー(三色外型反転式)使用作品とうたわれ、武田薬品と名古屋医大が協力して製作した『胃癌の手術』(一九四七年二月公開)である。これにたいして小西六はさくら

図3　日本初のカラーアニメーション映画『クマ公の釣り』

天然色フィルム（三色外型反転式）を使用して、山本豊孝監督が『夢』（一九四七年四月公開）という劇映画を作っている。この時期、小西六も富士写真フイルムもカラーフィルムの完成に向けて鎬《しのぎ》を削っていた。

そうこうするうちに終戦を迎えましたが、昭和二一年には「夢」という天然色映画を作って天覧に供しました。

当時は娯楽など何もない時代ですから、お慰みになればということで、私は何人かの社員を連れて宮内省へ行き、お散歩のときお休みになる花蔭亭という建物でお待ちしていました。やがて、夕食をお済ましになった天皇・皇后両陛下、皇太子様、内親王様方がお着きになり、私は一五分ほど天然色写真についてのお話しを申し上げてから、映写に移りました。皇太子様はまだ一三歳ぐらいでしたから、やんちゃの盛りで椅子をガタガタさせておられました。

映画の筋は少女が手鞠をついていると、その手がそれて鞠が飛んで行き、飛んで行く先々の風景が出てくるという単純なものですが、皇太子様は修学旅行か何かで行かれたところを思い出されたのでしょう、「大仏は出てくるの？」と質問なさいました。すると陛下は「黙って見ていらっしゃい」とおたしなめになっておられました。この「夢」は昭和二二年度日本映画技術協会賞を受けました。(7)

この文章のなかで「私」と述べているのは、日本のカラーフィルムの発明に貢献した小西六の西村龍介である。

『カルメン故郷に帰る』や『夢』は国産のカラーフィルムを使った作品であるが、イーストマンカラーを使った日本初の映画は、一九五三(昭和二十八)年に衣笠貞之助が撮った『地獄門』である。大映は、黒澤明の『羅生門』が一九五一年、ヴェネツィア映画祭において思いがけずグラン・プリを獲得したことに気をよくし、さらには映画会社の好景気もあって、海外進出やカラー映画という新しい世界に積極的に乗りだした。物語も外国人が日本へ抱くエキゾチシズムを考慮して、菊池寛の時代小説『袈裟の良人』の映画化を試みた。物語の舞台は京都であり、時代は平安末期であった。『地獄門』というタイトルも、おそらく『羅生門』を意識してつけたもので、会社側はあきらかに興行的な成功もさることながら、賞狙いを目論んでいた。この作品は十一月の祭日に間に合わせる必要があったため、衣笠は十分納得のゆく作品に仕上げられなかった。そんなこともあってか、この映画の日本国内での評価は、キネマ旬報ベスト・テンにはいっていないことが示すように、高いものでなかった。しかし会社側の思惑どおり?、『地獄門』は一九五四年のカンヌ映画祭において、日本映画初のグラン・プリを受賞するのである。また一九五三年、ヴェネツィア映画祭では溝口健二の『雨月物語』(キネマ旬報ベスト・テン第三位)が銀獅子賞を受賞している。このようにして日本映画がエキゾチシズムを掲げながら、本格的に海外において知られるようになった。

それではこの当時、小津安二郎はなにを撮っていたのであろう。一九五三年といえば、多くの人が小津の代表作と認める『東京物語』が撮影された年である。しかし、彼のこの作品は海外の映画祭に出品されることもなく、きわめてドメスティックな状況にあり、キネマ旬報ベスト・テン第二位という高い評価を得ていた。ちなみに、この年のキネマ旬報ベスト・テン第一位は今井正の『にごりえ』であった。のちに『東京物語』は、ロンドン映画祭でサザランド賞を受賞しているにせよ、この賞がこの作品や小津の評価を高めたとはいえないように思われる。なぜならこれは、過去一年間にロンドンの国立映画劇場で上映された映画に与えられる最高の賞ということであり、しかも、その受賞の年は一九五八年である。そしてなによりも、ほとんどの人がこの賞の存在について知らないのだから。

現代劇、しかもホームドラマであった小津の作品は、長いあいだ海外向けの映画とは見なされず、国際的な映画祭に持ってゆく対象にならなかった。しかし小津は、徐々にではあるが、国内だけでなく、国外でもその映画術が評価されていった。彼にくらべると『にごりえ』だけでなく、『米』（一九五七）や『キクとイサム』（一九五九）でもキネマ旬報ベスト・テン第一位を獲得した今井正の評価や人気の凋落はあまりにも激しい。かつて多くのシンパがいた左翼的イデオロギーの衰退だけが、今井の不人気の理由とは思われない。

今井の例でもわかるが、最近ではすっかり若い人に人気のなくなった木下惠介はどうだろう。『二十四の瞳』（一九五四）に代表される彼の映像の優しさと柔らかさはだれのものでもなく、木下固有のものである。『惜春鳥』（一九五九）の価値のひとつを、「日本メジャー映画初のゲイ・フィルム？」と題し、「木下はこの映画で一種捨身のカムアウトとすら思えるほどに、はっきりとゲイの青年の心情を浮き彫りにする。邦画メジャーの中で、初めてゲイの青年が〈可視〉のものとなった[8]」作品と、見事なまでに喝破したのは映画評論家の石原郁子だが、このことに気づくために人は何年の歳月を要するだろうか。

ところで、木下が小津の松竹での後輩であることを考えれば、小津が日本で初めてのカラー作品の監督に選ばれてもよかったわけだが、そうはならなかった。この理由のひとつに、小津の側からみれば、新しいものへの彼の慎重さが考えられるだろう。サイレント映画からトーキー映画へ移行したときの状況を思い出してみたい。一九三四、五年までにほとんどの監督がトーキー作品を作っているのに、小津は一九三六年の『一人息子』になってようやくトーキーで劇映画を撮ったのである。

この章の冒頭近くで少し触れたが、小津は軍の要請を受け、一九四三年六月、映画を撮りにシンガポールへ渡っている。しかし、予定した映画は撮ることができず、映画を見たり、日本軍の接収したコートでテニスをしたりと、ぶらぶら日々を送っていた。そうこうするうちに敗戦となり、斎藤良輔や厚田雄春たちスタッフと同地で抑留生活を送っている。小津たちはゴム園で作業をしながら、暇なときは連句を作ったりして、帰国の日を待っていた。終戦の年の十一月下旬になって日本への第一次帰還船がやってきたとき、公平にということでおこなった帰還船に乗る人をきめるくじ引きで、小津はくじに当たったが、「僕は一番あとでいい」といって、当たりくじを日本に家族のいるスタッフの一人に譲ったそうである。(9) 実際、小津が帰還したのは一九四六年二月のことであった。ここにも遅れてトーキー映画やカラー映画に手をそめた、「僕は一番あとでいい」という小津の気質が感じられる。小津の初めてのカラー映画はかなり遅く、一九五八年に公開された『彼岸花』である。

色彩の実験『笛吹川』

木下は深沢七郎の原作『笛吹川』の映画化を試みている。木下にとって、深沢七郎の原作を映画化するのは『楢山節考』についで二作目である。木下は『破戒』(一九四八)『二十四の瞳』、『野菊の如き君なりき』(一九五五)のように、人気のあった文学作品をしばしば映画化している。そのなかにあって、『笛吹川』(一九六〇)は惨めな失敗作となっているが、カラー映画について考えをめぐらすとき、一見の価値のあ

図4　『笛吹川』の御殿場ロケで移動車にのって戦場のシーンを指揮する木下惠介

る作品である（図4）。

木下作品にあっては、ひとりの人物の半生や一生が描かれる物語は珍しくない。『二十四の瞳』『野菊の如き君なりき』『喜びも悲しみも幾歳月』『香華』などは、それに当てはまる。しかし、『笛吹川』では、主人公を田村高廣と高峰秀子とすれば、彼らの人生にとって重要な出来事が、あまりにも細切れに描かれているために、ほとんどすべてのシーンが物語を要約したような映像となっている。これが失敗の主因である。たとえば、『二十四の瞳』や『野菊の如き君なりき』が好例となるように、過去を回想する場合でも、描かれる物語の年（時制）がひとつかふたつ、多くとも三つほどに定め、そのなかで物語を展開していったほうが、木下映画は成功している。

木下の『笛吹川』を失敗作とする理由は、それだけではない。この作品を見たものは、だれもが画面を彩るパート・カラーに首を傾げるであろう。この作品におけるパート・カラーは、「モノクロームの画面の一部に思う色を〈染めつけ〉して[10]」得られた効果である。たしかに、とくに戦場の場面においてだが、画面全体がくすんだ緑や赤などに変わる（トーニング）ときが何度かある。しかし、それらはこの作品にあっては例外的な表現であって、ほとんどの場合は、大和絵に見受けられるたなびく雲のような形となって、画面の一部に赤や黄や緑などの色が与えられている。このような木下の実験は、『カルメン純情す』（一九五二）において、すべての画面を斜めにして撮った彼の冒険心につながるものと思うが、果たして、『笛吹川』のこのような実験は成功したといえるであろうか。当時の新聞広告には「日本映画始まって以来の空前の力作」（南部圭之助）とか「特殊な色彩と御詠歌とを使って、今までにないような不思議な情感をかもし出すなど、時代劇に新しい可能性を拓いた立派な仕事だと思う」（吉川英治）という宣伝文が載っているが（図5）。

異色の力作という形容がぴったりの『笛吹川』の本当の主人公は紛れもなく笛吹川

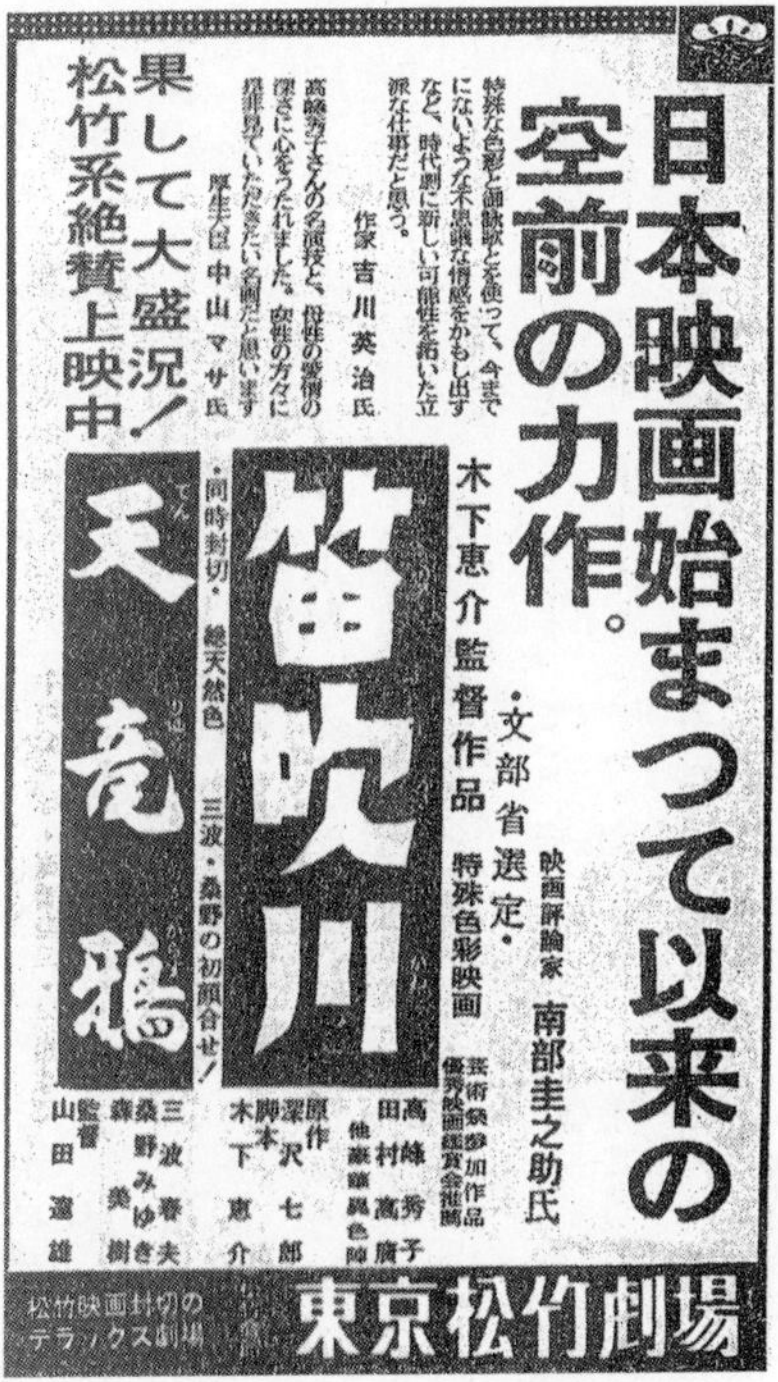

図5　『笛吹川』封切り当時の新聞広告

である。笛吹川は悠久の流れのなかで、人間の愚かしい行為を見つめている。原作が本当にいわんとするところもここにある。しかし、木下の画面は物語を追うことに忙しく、笛吹川がうまく描かれていない。この映画に欠けているもの、それは笛吹川の悠久さだ。この作品では、凝りすぎたパート・カラーが示すように、すべてがあまりにも人工的で、川の持つ自然がいかされていない。このような人工的な色彩を表現の主体に据えるのであれば、公開時の評判は芳しくなかったが、実相寺昭雄監督の『あさき夢みし』（一九七四）のような作品が参考になるのではないだろうか。そこには中世の暗闇で蠢《うごめ》く貴族たちの生活が、魅惑的で妖しげな光線や色彩とともに描かれている。

パート・カラーで思い出される作品が黒澤明にある。

黒澤は幼児誘拐事件を扱った『天国と地獄』（一九六三）で、煙突からでる煙にパート・カラーを試みてはいる。もちろん、彼にとっての本格的なカラー作品は『どですかでん』（一九七〇）である。ここで興味深く思われるのは、初めてのカラー作品において、黒澤も、小津にとっての『彼岸花』同様に、赤や黄という目立つ色を強調して使ったということである。不思議な一致である。カラー映画を撮ることは、まず、赤や黄などの原色の多用から始まるのだろうか。

『椿三十郎』（一九六二）『天国と地獄』、『赤ひげ』（一九六五）『どですかでん』の撮影を担当した斎藤孝雄は、黒澤のカラーについてこのように述べている。(11)

『天国と地獄』で一瞬だけカラーにするというアイデアは黒澤さんの考えです。身代金を入れた鞄を燃やすとピンク色の煙が出るシーンで、「煙が一目瞭然に、アッとわからせられる見せ方はできないか」ということで白黒画面に煙だけがピンクのパートカラーという有名なシーンになったのですが、技術的には煙だけ後で撮って、その部分だけ着色したんです。それが後に、黒澤さんがカラーに踏み切るきっかけにもなりました。それまではフィルムは絵具と違って制限があるため、「日本のカラーは映画のカラーとしてはまだ俺の色が出てこない」となかなか手を着けなかったですからね。

ですから、『どですかでん』はカラーの試作品みたいなところがあります。極端に赤や黄色を強調したりしましたが、あれは自分が思っていた色がどれだけ再現できるか試す意味もあったと思います。

『どですかでん』の色彩は赤と黄の洪水といえるだろう。登場人物が身につけている服装は赤や黄が多く、彼らの住む貧しい家の壁も赤や黄色に溢れている。この作品は、斎藤孝雄のいうように、カラーフィルムの持つ色彩の実験であったことは間違いないようだ。また、セットに与えられた色の強さは、『どですかでん』のポスター同様に、若き日の黒澤が油絵の画家をめざしていたことをよく証明している。黒澤は、あたかもコダックのフィルム・パッケージを思わせるような赤や黄色を用いたカラー作品の段階をへて、一般的なカラー作品といえる『デルス・ウザーラ』（一九七五）や『影武者』（一九八〇）へと進んでいった。

『どですかでん』を撮ったときのカラーフィルムにたいする黒澤の考えは、木下恵介が『楢山節考』を撮ったときの考えに近いといえるだろう。先に引用した「カットのかわり目で調子がちがったら怖いから、『カルメン』はまわしっぱなしで、ショットがきれない」ということから解放される唯一の方法は、すべてのシーンをセット撮影に持ち込むことであった。歌舞伎の書割りのようなセットのなかですべてのシーンを撮影することで、『楢山節考』はすぐれたカラー映画となったたし、それはカラー映画における木下の本懐であった。木下の冒険心はさらにその先を要求した。それが失敗作となった『笛吹川』である。『どですかでん』における黒澤もすべてをセット撮影でおこない、色の再現を統一した。しかも彼は、自分の希望する色をセットのそこかしこに与えたのである。『楢山節考』もきわめて人工的な色彩のカラー映画であるが、色彩の付与と統一という点では『どですかでん』はもっと徹底していた。

ところで、映画のタイトルに色名がつくことは、その作品がカラーであることをふつうは意味すると思えるが、黒澤の『赤ひげ』は白黒作品である。山本周五郎の書いた原作『赤ひげ診療譚』では、小石川養生所の医師赤ひげ（三船敏郎）を「実際には白茶けた灰色なのだが、その逞しい顔つきが、赤髯という感じを与えるらしい」と描写している。これでは『赤ひげ』をカラーで撮る必要がないであろう。この作品には、たとえば雪の降っている商家のシーンが示すように、白黒フィルムの美しいショットが溢れている。『赤ひげ』は日本映画におけるもっとも美しい白黒作品のひとつといえる。

五所平之助のように、タイトルにつけた色がモチーフになっている映画を作った監督もいる。『黄色いからす』（一九五七）は五所にとって初のカラー映画であるが、彼はこの作品で、黄色を使って絵を描いてしまう子供の心理を扱っている。息子の清と十五年ぶりに中国から復員してきた父（伊藤雄之助）はお互いに馴染めない。それが清の心に反映して、彼が描く絵は黄色と黒で表現されてしまう。たとえば、黒い空に飛び立ってゆく黄色いからすというように。

Ⅷ　加藤泰と「緋牡丹博徒」

加藤泰監督（1916年8月24日～1985年6月17日）

小津を意識したロー・アングル

石堂淑朗や佐藤忠男たちの指摘を待つまでもなく、ロー・アングルは小津安二郎の専売特許ではない。時代劇やヤクザ映画を得意とした加藤泰《たい》（一九一六〜一九八五）の作品にもロー・アングルで撮られたものが少なくない。加藤の証言を辿ると、彼は若い頃から時代劇が好きで、伊藤大輔の時代劇に私淑したことがわかる。

加藤は神戸市に生まれたが、名古屋市で育っている。愛知県立工業学校を二年で中退し、いったんは京都の貿易会社に勤めるが、映画への夢が捨て切れず、母方の叔父にあたる山中貞雄の紹介で、一九三七（昭和十二）年、東宝砧撮影所に助監督として入所する。彼はここで、熊谷久虎の『阿部一族』（一九三八）、成瀬巳喜男の『はたらく一家』（一九三九）、山本嘉次郎の『馬』（一九四一）など、日本映画史上に残る名作の助監督をつとめている。四年ほど助監督をしたあと、加藤は記録映画会社に移る。そして戦時中、記録映画隆盛の波にのり、満州などで四本の記録映画を撮っている。戦後まもなくして、彼は助監督として大映に入社する。たまたま伊藤大輔専属の助監督の都合が悪くなったこともあり、若き日から敬愛していた伊藤大輔の『素浪人罷通る』（一九四七）や『王将』（一九四八）に、そして日本映画が世界で認められる嚆矢

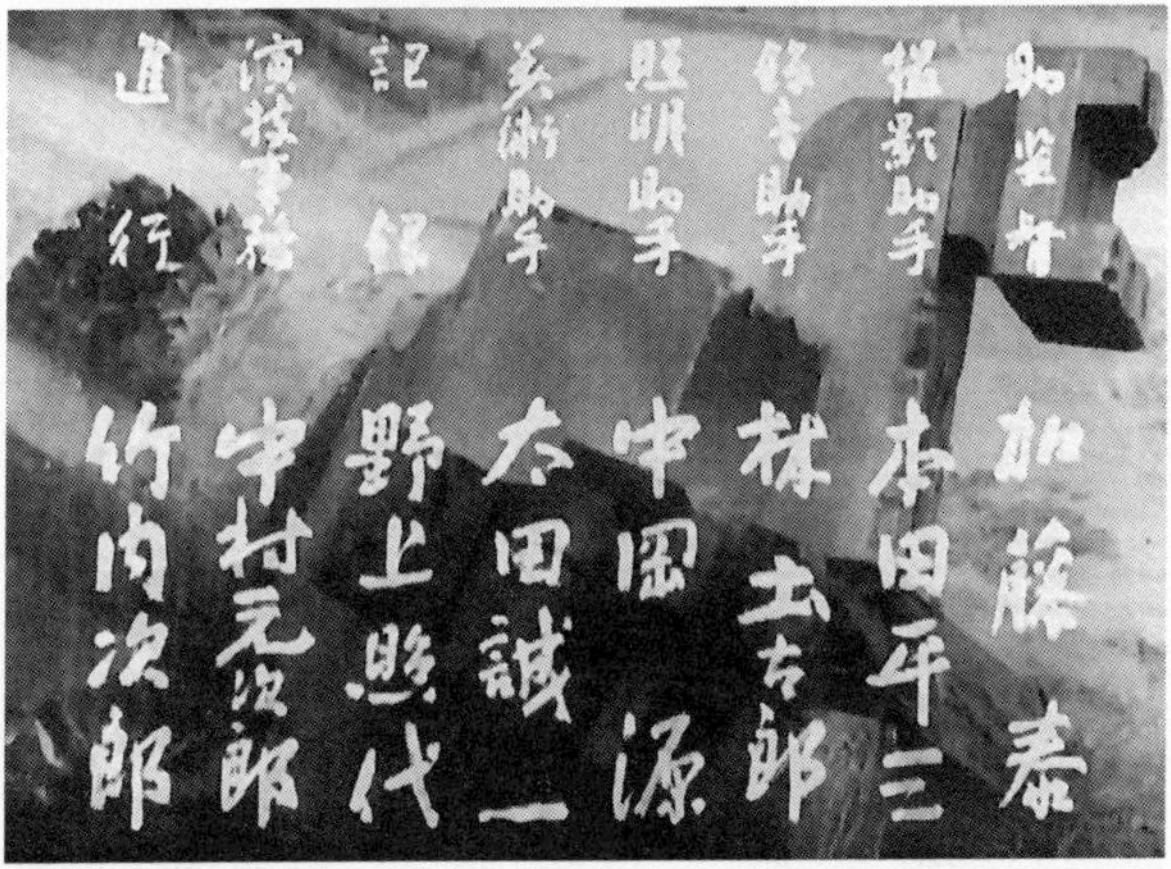

図1　『羅生門』のクレジット：右端に「助監督　加藤泰」とある

となった黒澤明の『羅生門』に、加藤は助監督として参加する（図1）。しかし、彼の監督としての最初の劇映画作品は、宝プロという独立プロダクションに移ってから撮った『剣難女難　女心流転の巻／剣光流星の巻』（一九五二）である。彼は組合運動をしたため、大映を馘《くび》になったのである。

若い頃の加藤は、伊藤大輔のほかには、稲垣浩や伊丹万作、衣笠貞之助などの時代劇を見るために、映画館に足しげく通っている。また、現代劇では小津の映画を好んで見たという。後年、加藤は松竹で『みな殺しの霊歌』を撮っている。彼の日録によれば、一九六八年三月十一日、築地にある松竹本社で完成試写のあと、脚本兼助監督の三村晴彦とカメラマンの丸山恵司の三人で、雨の降る北鎌倉の円覚寺にゆき、ただ一文字「無」と刻まれている小津安二郎の墓の前に立った(1)。彼は終生、小津にたいして尊敬の念を抱いていたと考えられる。

加藤泰自身はロー・アングルで撮影する理由を、つぎのように述べている。

それからローポジションですね。これは、僕が映画を撮り始めたころ、先輩が言ってくれました助言の一つとして、「映画館でこの映画が上映されて、頭のタイトルを見なくても、画《え》をパッと見ただけで〝あ、これは加藤の写真だ〟と、分かるような画を撮らんとあかんぞ」と。言うは簡単だけれども、言われる方は、これ簡単じゃない。でも、分かりますよね。有名な絵描きさんの絵を拝見致しまして、かりにサインがなくても「あ、これは小磯良平の絵だ」とか「だれだれの絵だ」とすぐ分かることがある。僕たちも職人として一人前を呼号するならば、そうありたいものである。先輩は随分無理なことを言うと思ったけれども、そらそうだと思いました。

ところが、今言いましたように、これ簡単じゃない。それはある意味で、個性という言葉がありますが、それと繋がり、自分というものに繋がっていく。たいへん抽象的な言い方だけれども、僕は理屈は不得手なもんですから、感覚的に考えて、好きか嫌いか、そこから入っていったように思いますね。そうすると、撮影にあたりまして、キャメラマン、ライトマン、助監督さん、その諸君と最初に画を決めようとするときに、いつか僕はしゃがんでることに自分自身気が付いたんです。しゃがんでる。あ、低い視点が僕は好きなんだな、と。そこから発展して行くと、僕は小津安二郎さんの作品を――といっても初期のものは拝見しておりませんけれども――『お嬢さん』（一九三〇）とか『淑女と髯』（一九三一）なんかから全部見てるんです。小津さんは割と低い位置でキャメラを、視点を決めておられた。そんなふうに自分自身の行為にふっと気が付いたことと、自分の好きな映画を振り返ってみたことなどから、ひょっとしたら、低い位置で画を造形していく、構図をつかんでいくということがまず第一歩かなあ、と思って、それから意識しだしたというようなことでしょうかね。(2)

加藤と仕事を共にしたスタッフも、彼のロー・アングルについてさまざまな証言をしている。たとえば、加藤が初めて松竹大船で撮った、安藤昇、伊丹一三（十三）主演の『男の顔は履歴書』（一九六六）の美術を担当した梅田千代夫。彼はつぎのようなことを思い出している。

私は松竹大船の伝統のディレクター・システムの中でつちかわれてまいりましたので、監督は神様と思っているのに、またすごい神様に会ってしまった。まあその頃は純情な映画青年だったのでしょう。それはともかくとして、仕事の始めは大船のオープンセット（闇市）だったと記憶しています。いきなりカメラの助手さんたちがツルハシやスコップで地面に穴を掘り、カメラはその中に入りました。そして最初の撮影「用意、ハイ（またはスタート）」。その時の声のサイズはまるで戦場の武将の大音声ですね。その後、何かの雑談の折りお聞きしたのでしたが、その訳はご自身も含めてキャスト・スタッフに一瞬のテンションを持ってもらうため、それと健康保持のため、一日に何十回、何百回と大きな声を出すのは身体にも精神的にも良いそうです。穴掘りについても、加藤さんに見解はお聞きしました。私たちは小津安二郎先生のローポジは見慣れておりますので（カメラの後ろに毛布などを敷いて腹這いでファインダーをのぞく）、そんなにえっ！とは感じないのですが。その穴ポジの理由は加藤さんの若い頃、昔のいろいろな撮影所で体験した苦い思い……つまりお金の足りない条件の中で発見したと言われました。穴ポジにすればセットでもロケでも、写したくないものはファインダーから除去されます。写したいものが出来ない、または無いのだから、それは見る人の想像（イメージ）に託せばよい。そしてそれを実行しているうちに意外な絵、普段見慣れない画面になった。加藤さんの画面づくりの大きな特徴にもなった。経済的な意味あいで実行したのに他の現象（主題が浮かぶ等）に利点が生じたとの事でした。小津先生のローポジとは異なるポジションでしょう。(3)

たしかに加藤の活躍した時代は、日本の映画産業が衰退の途を辿っていたときなので、少ない予算で彼の作品が撮られていることはセットからも容易にわかる。しかし、ロー・アングルが必ずしも経済的な撮影技法というわけではない。城戸四郎は、小津がロー・アングルで撮るため、セット撮影時にほかの監督では必要のなかった天井までつけなければならないとぼやいている。(4)

緋牡丹博徒シリーズ

加藤泰の映画は娯楽作品のために語られることは少ない。しかし彼の作品は、特に後期のヤクザ映画は、ロー・アングルで撮った作品の白眉である。とりわけ、彼が東映でメガフォンをとった緋牡丹博徒シリーズの三本、『緋牡丹博徒 花札勝負』（一九六九）『緋牡丹博徒 お竜参上』（一九七〇）『緋牡丹博徒 お命戴きます』（一九七一）は、徹底したロー・アングルのショットで撮影されている。

このシリーズは加藤泰だけではなく、山下耕作や鈴木則文なども撮っているが、映像の美しさという点では、加藤の作品はほかの監督の撮った緋牡丹博徒シリーズを圧倒的に凌駕している。大学紛争が日常的に起こっていた一九七〇年前後、この緋牡丹博徒のシリーズは多くのファンを得たが、主役のお竜を演じた藤純子（富司純子）が結婚し、銀幕から姿を消したため八本で終っている。最後の作品は、斎藤武市監督の『緋牡丹博徒 仁義通します』（一九七二）であった。その後、加藤は一九七二年に、大映から招いた江波杏子主演の『昭和おんな博徒』を撮るが、東映側と女博徒役の江波杏子と加藤との意思の疎通に欠け、江波との歯車がうまく嚙み合わなかった。(5) そんなことも理由となり、結局、加藤にとって、この『昭和おんな博徒』が東映での最後の作品となった。それから彼は、松竹や東宝で、『花と龍 青雲・愛憎・怒涛篇』（一九七三）『江戸川乱歩の陰獣』（一九七七）など七本の作品を撮り、一九八五（昭和六十）年六月、肝臓障害で亡くなっている。享年六十八。遺作となった『ざ・鬼太鼓座』は一九八一年にクランクアップしたが、封切りは十年以上もあとの一九九四（平成六）年であった。[6]

小津のカメラ・アングルは時代によって変化しており、晩年になるとアングルがやや高くなっている。このことは小津自身も認めている。もっともアングルの低かった時期は、サイレント末期に撮ったいくつかの作品――『母を恋はずや』や『浮草物語』など――のあたりと思えるが、加藤泰が三本の緋牡丹博徒シリーズで見せたアングルは、この時期の小津のロー・アングルより更に低いといえる。佐藤忠男は加藤泰のロー・アングルの意味を、「太陽に向かって胸を張って歩くのではなく、うつむいて、地を這うようなやくざの生き方を象徴するカメラ・アングル」であり、「仁義の口上を述べながら見た世界」であると巧みに評している。[7]もちろん、この言葉は、『江戸川乱歩の陰獣』のような作品がまだ存在していないときの評である。ヤクザ映画ではないが、『江戸川乱歩の陰獣』もまた、加藤独自のロー・アングルで撮られた作品である。

小津の映画と異なり、加藤の映画ではヤクザ映画につきものの乱闘シーンが頻繁にある。三本の緋牡丹博徒はいずれもワイド・スコープであり、それらの乱闘シーンをロング・ショットで撮れば問題ないが、クロース・アップやそれに近いショットで撮った場合、俳優の演技があまりにも不自然な乱闘シーンになってしまう。というのも、加藤泰も、あたかも小津のように、これらの映画では移動撮影をめったにしないため、乱闘している人物が立回りで動きすぎると、ワイド・スコープであってもクロース・アップの場合、画面から人物が外れてしまう。そこでカメラが人物をとらえるのではなく、俳優たちがこれみよがしにロー・アングルのカメラの前に倒れ込み、乱闘するような演技となり、加藤のカメラワークの弱点が露になる。[8]

加藤の緋牡丹博徒シリーズや『江戸川乱歩の陰獣』などを見ていると、すべてのシーンをロー・アングルで撮ることの不便さを感じてしまうが、とりわけ、『江戸川乱歩の陰獣』のような作品では、物語を表現する映像の幅が狭くなり、カメラの位置や動きがもう少し自由だったら、もっとおもしろい作品になったと思うのはわたしだけだろうか。

移動撮影とロー・アングル

ここでもっとも注意をひくことは、ロー・アングルを採用した加藤泰の映画にも、小津の後期の作品のように、移動撮影がほとんどないということである。彼の撮った三本の緋牡丹博徒シリーズには、合計しても数回しか移動撮影が使われていない。たとえば、『緋牡丹博徒 お竜参上』では、一度のみ、お竜が馬車を疾駆させているとき

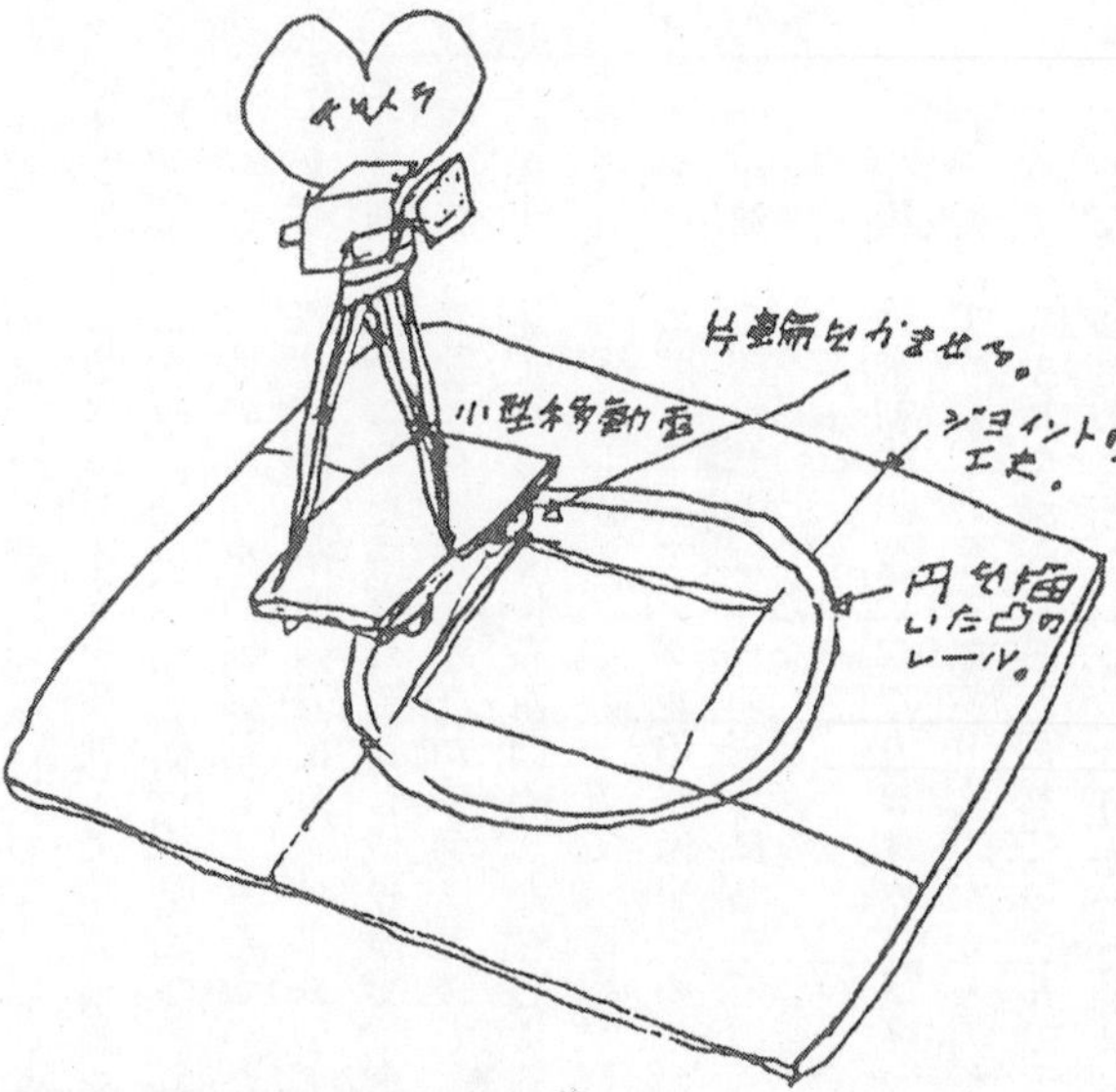

図2　『怪談　お岩の亡霊』で用いられた、カメラを載せるために丸く敷かれた撮影用レールの図（加藤泰筆）

に使われている。ロー・アングルで撮られた小津作品にも、ある時期から移動撮影がほとんど用いられていない。とすれば、ロー・アングルと移動撮影のあいだにはなにか特別な絆があるのではないだろうか。ロー・アングルは移動撮影の封じ手のように思われてくる。

　ところが、若いときの小津以上に、加藤はいくつかの凝った移動撮影を試みている。[9]たとえば、『ハムレット』を翻案した時代劇『炎の城』（一九六〇）ではベビー・クレーンを移動車にのせ、パンと移動クレーンというカメラワークを駆使して、緊迫感をもりあげた。また、『怪談　お岩の亡霊』（一九六一）では、民谷伊右衛門（若山富三郎）の残忍な顔から目を放さぬまま、グルッと一周、彼の周りを回転移動してみたかったという。そこで円形に敷いたレールにカメラをのせ、伊右衛門の表情をクロース・アップで撮ることを試みた（図2）。

それは酒宴に呼ばれた隣家の金貸し伊藤屋で、妻のお岩との離縁を迫られた伊右衛門の複雑な心の動きを追い求めたカメラワークである。つまり、喜兵衛の提案する奸計に引きずり込まれてゆく伊右衛門の、どうしようもない心情を表現したカメラの動きといえるだろう。しかし、その一方で、『怪談　お岩の亡霊』においても、加藤はカメラを穴に埋め、ロー・アングルの映像を求めている。この作品に、お岩の妹、お袖の役で出演した桜町弘子はつぎのように話している。

先生との最初の出会いになりますが、メイクなしで来いということだったので行ったんですが、今まで厚塗りだったから自信がなかったんです。その頃、神経からくるニキビや湿疹で肌が荒れていたんですね。それで先生に「この肌ではメイクなしはだめじゃないでしょうか」と聞いたら、「そのデコボコしているのがいいのです。人間らしくていいです」って。だからデコボコで出たんです。撮影の始まるまでが長いんです。カメラの穴掘りから始まりますからね。また始まっても、テストが多くて多くて、もうへたばりかけた頃に本番なんです。無我夢中でやりましたね。(10)

そして加藤は、これらの作品から数年して移動をほとんどやめ、『沓掛時次郎　遊俠一匹』（一九六六）や『みな殺しの霊歌』（一九六八）では、カメラを固定して撮影している。これは当然、穴を掘り、カメラを埋めて撮影することの帰結である。いくら穴を掘るといっても、長い穴を掘って、その中にレールを敷き、カメラを移動させるほどの手間はかけられなかった。

絵コンテ主義

小津安二郎と加藤泰の共通点に、絵コンテによる周到な撮影準備があげられる。加藤によれば、絵コンテをスタッフやキャスト全員に配って撮影した最初の監督は伊藤大輔だという。阪東妻三郎主演の『王将』で助監督についた加藤自身が、「理想の作業をしたい」ということで、伊藤大輔に全部の絵コンテを作ることを提案した。

伊藤監督のコンテがきまると、それを現場で話してもらい、加藤自身がそれをノートにとってポンチ絵にし、それをガリ版で刷ったものを関係者全員に配った。これによって助監督の雑務が減り、撮影もスムーズに展開した。このこともあって、加藤は自分が監督になってからも、全作品の絵コンテの実行をしたという[11]（図3）。

加藤の描く絵コンテは、実際どのようにスタッフやキャストに受けとめられていたのであろう。山根貞男が『緋牡丹博徒 お竜参上』出演中の藤純子に、東映京都撮影所でおこなったインタビューを引用しよう。藤が加藤監督の映画に出演したのは、この『緋牡丹博徒 お竜参上』が五本目にあたるので、加藤の映画作りを熟知していたといってよいだろう。

　ほかの監督さんなら、いろんなことで妥協してしまいそうなことでも、自分はぜったい妥協しない、といった感じが強いですね。

　それで、わりと絵を主体にして、といっても、もちろんストーリーが主体なんですけれども、撮るときなんかは、絵コンテなんかお書きになって、だいたい主人公をここの位置に置いて、ここはこう、といったふうに、ワンカット、ワンカットの画面構成を頭の中で考えてきれいに書いて、こういうものを撮りたいと、

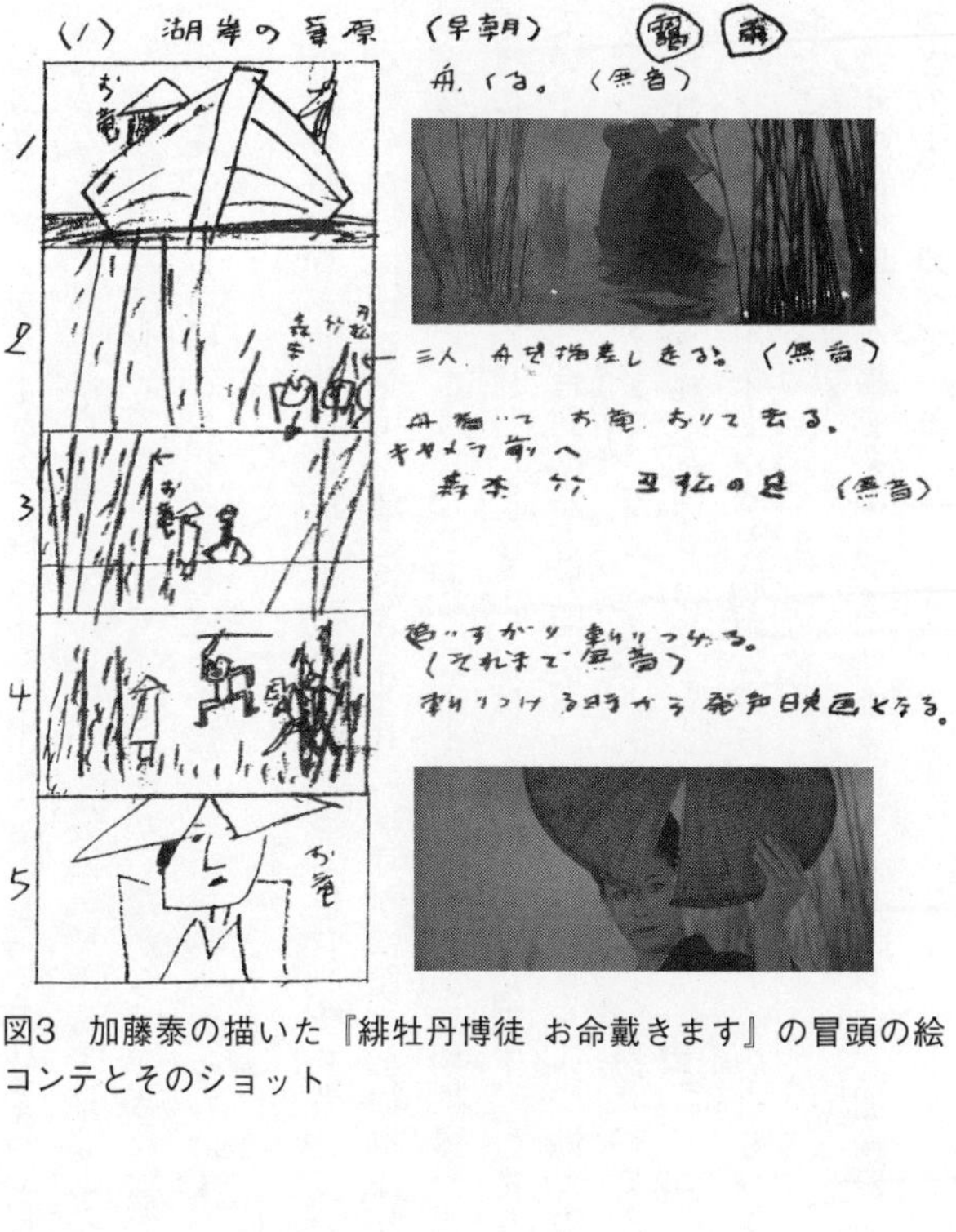

図3　加藤泰の描いた『緋牡丹博徒 お命戴きます』の冒頭の絵コンテとそのショット

最初にコンテを下さるわけです。（中略）それで、それを見て、ああこういうふうな位置で、どれだけ動いて、こういう雰囲気でやるんだなあと、わたしのほうも頭に入れておいてやるわけです。なんか、だから、できた絵がとてもきれいというのかしら、どっしりとして、計算されて積み重ねられた美しさがありますね。(12)

小津の場合も、助監督時代から監督に代わって絵コンテを考えている。そして監督になってからは絵コンテ主義を貫き、とりわけ晩年になると脚本作りと絵コンテ作りは密接な関係を持つようになった。たとえば、サイレント期に撮った『浮草物語』を、戦後になって再映画化した『浮草』には小津が使用した脚本、つまり撮影台本が残っているが、そこには台詞や筋の展開にあわせ、彼の撮りたい登場人物や風景のひとつひとつのショットが絵コンテとして描かれている。そして撮り終えた絵コンテには、監督自身によってそれぞれに×のマークがつけられた（図4）。そこから、特別な事情のないかぎり、出来上がった映画は、ほとんど小津の描いた絵コンテ通りに撮影されたことがわかる。

晩年の加藤映画の撮影を担当した丸山恵司カメラマンは、加藤の絵コンテの意味をつぎのように述べている。

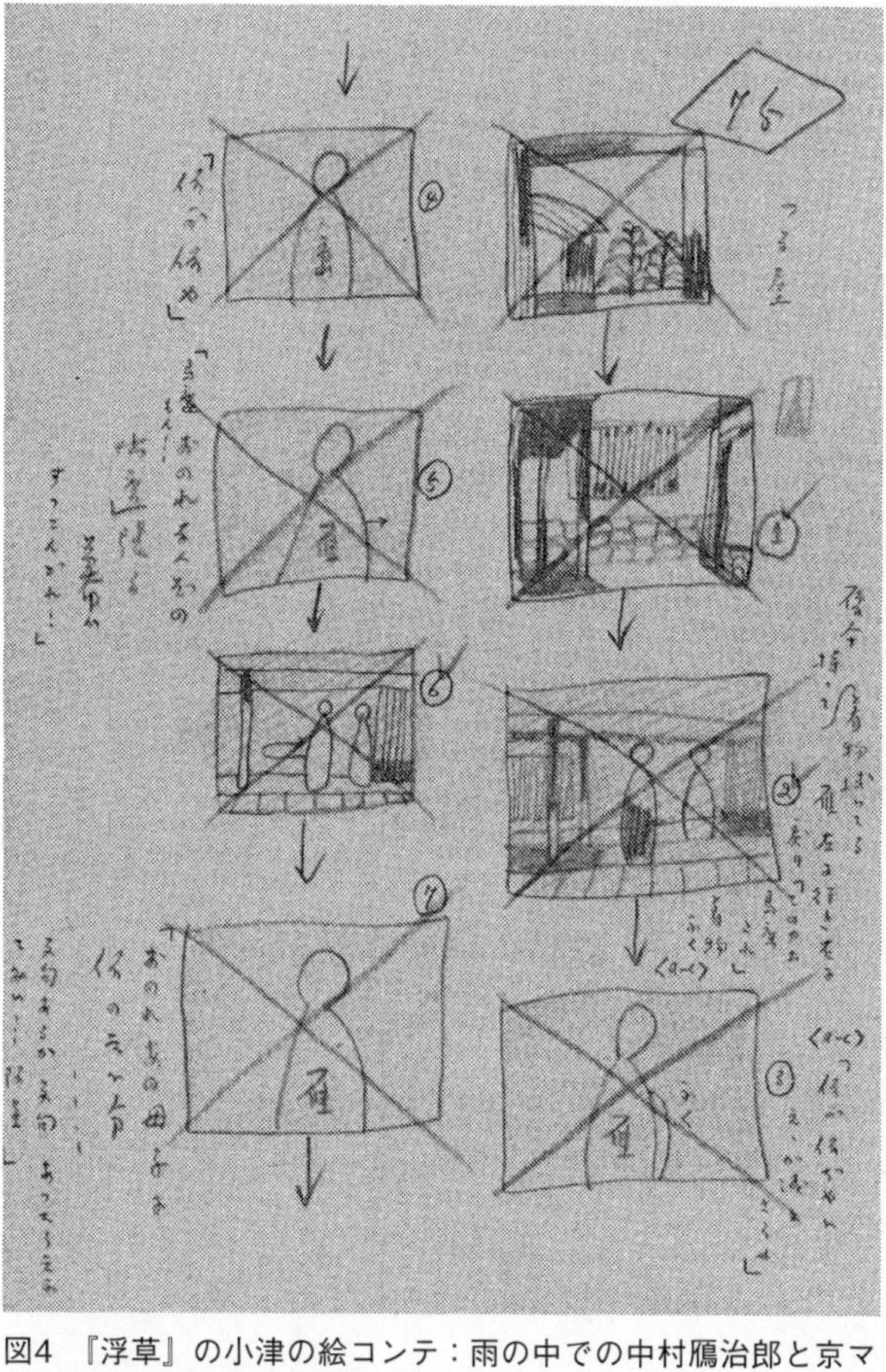

図4　『浮草』の小津の絵コンテ：雨の中での中村鴈治郎と京マチ子のシーン

信念を持った監督は当初より全シーン細かい絵コンテを常に作成した。絵コンテを渡されると加藤監督の熱気がピンピン伝わって来た。元来絵コンテは監督の表現意図を、各パートの人々に的確に摑んでもらうため、湧きあがるままの意識の放出を一点一点、モンタージュ断片の必要最小限の絵として作られたものであった。それは自己を慰める行為ではなく、また単なる説明のためでもなく、人々を感動させ、その思想、その技能を、その映画のより良い完成のために捧げて貫うがための最も分り易いメッセージだったのです。それが加藤組の絵コンテシステムとしてずーっとやって来たことにほかならないのです。絵コンテを見ることで楽しく、苦しい、また疑問など感じたり、アイディアが浮かんだりする。それを綿密なるディスカッションをすることで監督の意図が通じて、〝なるほどそうか〟、とはじめて絵コンテが加藤映画の中核をなし素晴らしい存在感を与えてくれるのだとわかったのです(13)。

小津も加藤も絵コンテを徹底的に利用したが、両者の絵コンテの用い方には違いがある。小津の絵コンテはあくまでも小津自身の覚書きであるのにたいして、加藤のそれは自分だけでなく、スタッフやキャストのものでもあった。つまり、小津は映画作りをひとりの監督のもとにする仕事ととらえていたのにたいして、加藤は映画作りを共同作業であるととらえていた点であろう。ここに二人の監督の明確な相違がある。

おわりに、もしくは小津と黒澤

Ⅳ章の「小津安二郎のコンティニュイティ」冒頭で紹介したが、一九五八年八月下旬号の『キネマ旬報』に、『彼岸花』撮影中のセットを訪問した岩崎昶と飯田心美が小津に芸術を訊くという鼎談が載っている。小津はそこで、数人の映画監督について独特な表現で、つぎのように述べている。

しかし、監督のオクターブは持って生まれたものだから、たやすく変えられない。成瀬君やぼくなどは低い。黒沢君や渋谷君は割合に高い。溝口さんは低いような顔をしながら実は高い。そういうモトになる調子があるんだ。(1)

ここで小津がいうオクターブとは、「映画の調子」とか「映画における劇的高揚の度合い」ととらえればわかりがよいだろう。たしかに、黒澤や溝口の映画の調子は、ドラマチックであり、主人公が絶えず社会や他者と闘いながら、物語が展開する。この点では、黒澤は小津からもっとも遠いところにいる監督のひとりといえる。

こんなにも異なる表現をする小津と黒澤が、じかに交流したことはあるだろうか。

黒澤には小津にとても感謝した出来事がある。それは黒澤が自伝のようなものとして発表した『蝦蟇の油』に書かれているので、すでにあまりにも有名な話であるが、その箇所を引用する。時は一九四三（昭和十八）年までさかのぼる。


当時、内務省では、監督第一回作品を、監督の試験の対象として取り扱っていたので、「姿三四郎」が完成すると、それをすぐ内務省に提出して、その試験を受ける必要があった。試験官は、勿論、検閲官である。その検閲官に既成の映画監督数名が立ち会って、監督試験が行われたのである。

私の監督試験に立ち会う映画監督は、山さん、小津さん、田坂さん（具隆）の三人の予定だったが、山さんは所用があって出席出来ず、山さんは私を呼んで、小津さんがいるから大丈夫だよ、と検閲官と犬猿の仲の私を励ましてくれた。

私が監督試験に呼び出された日、憂鬱な気分で内務省の廊下を歩いていくと、その廊下で給仕の子供達が二人取組合いをやっていた。

その一人が、山嵐、と云いながら、三四郎の得意《とくい》技《わざ》を真似て相手を投げたところを見ると、「姿三四郎」の試写は、もう見ていたに違いない。

それなのに、私は三時間ほど待たされた。

私は、ちゃんと聞いていると腹が立つから、窓の外を眺めて、なるたけ何も聞かないように心掛けていた。

（中略）

それにしても、検閲官の執念深い、棘のある言葉には、我慢しかねた。

私は、自分の顔色が変っていくのをどうしようもなかった。

畜生！　勝手にしやがれ！

この椅子でも喰《くら》いやがれ！

そう思って、立ち上りかけた時、小津さんが立ち上って云った。

「百点満点として〝姿三四郎〟は、百二十点だ！　黒澤君、おめでとう！」

小津さんは、そう云うと、不服そうな検閲官を無視して、私のそばへ来ると、
銀座の小料理屋の名前を私語《ささや》いて、

「お祝いに一杯やろう」

と、云った。

後刻、そこで待っていると、小津さんと山さんが入って来た。

小津さんは、私をなだめるように、「姿三四郎」をせいいっぱいほめてくれた。でも、私は、なかなか疳の虫がおさまらず、あの被告席のような椅子を検閲官に叩きつけたら、さぞ気持がよかったろう、と考えていた。

今でも、小津さんに感謝しているものの、そうしなかったのが心残りである。[2]

ここで黒澤が「山さん」と書いているのは山本嘉次郎(図1)のことで、本書の「はじめに、もしくは若き日の映画監督」で述べたように、彼をP・C・Lに採用してくれた監督である。

黒澤は自分が受けた監督試験を、黒澤映画のワン・シーンのような筆致で表現している。小津は監督として映画を撮り始めたばかりの黒澤に、大いなる助け船をだしたことは確かである。しかし、それからの黒澤作品について、小津は好意的であっただろうか。

小津はある時期、黒澤の世界に危険信号を発している。

黒沢(明)君にはずっと注目して来ているが自分は『野良犬』が好きだ。最近の黒沢君は内田吐夢のテツをふむのじゃないかと少し心配している。

　内田吐夢は優れた作品をたくさん作ったが、目先を変えた〝実験〟をするうちに、概念的になり過ぎて面白くない映画をムキになって作ったんだと思う。女優では自分の映画に出た人でいえば原節子と高峰秀子がうまい。二人ともこっちの思うところをまちがいなく受けとってくれて、それを素直にやってくれる。高峰はいまちょうど具合の悪い年齢で、娘と大人の間のどっちつかずでむずかしいところだ。原節子には得手不得手がはっきりしている。黒沢君のように使われると彼女はいいところが出せないのじゃないか。

図1　山本嘉次郎監督（1902〜1974）

　これは一九五二（昭和二十七）年一月二十二日の『毎日新聞』夕刊に載った小津の言葉である。「カンのよい原（節子）と高峰（秀子）／小津監督の映画談義〝黒沢君よムキになるな〟」という題が付いている。

　この批判的な内容は、あきらかに、一

九五一年に公開された黒澤の大作『白痴』に向けられたものである。小津は『白痴』を、観念的で、黒澤がムキになって撮った作品と評価したのである。ここには、小津が青年期に撮った『美人哀愁』への自己批評を探ることができるようだ。小津はサイレント作品『美人哀愁』について、「これは、ナンセンスの行き方をかえて、はじめてリアルに甘いものを作ろうと意気込んだのだな、そしたら大変長たらしくてダラけた写真が出来てしまった。ムキになって撮ったんだが、駄目だったね(3)」と自ら語っている。この作品は脚本は現存するが、フィルムは残っていない。およそ三時間半という上映時間の長さに、城戸所長は枕を持って見にいかなくてはならないと語ったという。この長さは、小津が反省しているように、ムキになって撮った結果にちがいない。『白痴』は、黒澤が当初、上映時間四時間二十五分ほどに仕上げたが、長過ぎるというクレームがつき、今わたしたちが見る二時間四十五分の長さになっている。小津はつめられた『白痴』であっても、そこに『美人哀愁』で失敗した自分の面影を認めたのではないだろうか。

小津が『毎日新聞』に載せた言葉は公の発言となるので、さほどきびしい『白痴』評ではない。しかし、小津日記では『白痴』の脚本が酷評されている。

一九五一年一月二十四日（水）
黒沢　久板の白痴をよむ　訳わからず
登場人物の白痴なるは可なるも　脚色監督の白痴
なるハ不可

もちろん、映画作品は脚本だけから判断すべきでない。この日記が書かれた年の五月になって『白痴』が封切られているので、日記を書いた時点では、小津は映画となった『白痴』をまだ見ていない。それにしても、この脚本にたいする評価はあまりにも手厳しい。

高峰についての小津の考えは、すでに成瀬の章で紹介したように、小津が彼女にあてた手紙の内容と同じといえる。「早く四十歳になれ、そして俺の作品にも出ておくれ」という文面と鮮やかに呼応する。

『晩春』や『麦秋』における原節子のイメージを持っている者にとっては、『わが青春に悔なし』において、京大教授の娘から野良仕事に精をだす娘に変身する原節子もそうとうの驚きだが、それ以上に『白痴』における原節子には目をみはる。そこには、小津や成瀬作品にけっして見いだせない女優としての原節子がいる。政治家の囲い者から抜けでて、三船敏郎や森雅之のあいだで揺れ動く、気の強い西洋風の装いの原。そんな彼女を雪の北海道に見るだけでも、『白痴』を観賞する価値があるという原節子ファンもいる（図2）。

原節子へ与えた役柄の相違が、小津と黒澤の映画の違い、両者のオクターブの違いを物語っている。小津の考えとは異なり、二本の黒澤映画における原の役が、かならずしも彼女の役者としての才能に合わなかったといえるだろうか。日本人離れのした顔立ちや骨格の原には、黒澤映画のほうがふさわしいと感じるときがある。あきらかに原に好意以上のものを持っていた小津には、『晩春』や『麦秋』における役が原にとってふさわしい役柄であり、それを見事に演じた原が理想の女性だったのかもしれないが。

ＮＨＫのある番組で山田洋次は、晩年の黒澤邸を訪ねたおり、黒澤が小津の『東京物語』のビデオをじっと見ていたことを話していた。このとき黒澤はなにを思っていたのだろう。彼の心のなかには、小津とは初対面だったと想像できる内務省での監督試験が去来していたのだろうか。まったく異なるオクターブの持ち主の小津と黒澤。その黒澤が暗闇の部屋のなかで、たった独り、小津の『東京物語』を見ている。この光景ほど、小津の最高傑作が『東京物語』であることを示す事実はないが、そこに白

"白痴" ロケスナップ

黒沢明がドストイエフスキイの「白痴」と取組むという。まさにこれは春の邦画界における最大の話題の一つであろう。

黒沢明にとって、「白痴」の映画化は遠く助監督時代からの念願だったといわれているが、ドストイエフスキイを映画化しようなどという野心は、今の日本映画の常識ではケタ外れといってもよい程の冒険事であることに違いない。それを敢えて実行にうつすところに何よりも邦画界の風雲児たる彼の面目は躍如としているし、しかもそれが「罪と罰」ならぬ「悪霊」ならぬ「白痴」だということにはなお一層の興味がある。何故ならこの「白痴」の主人公ムイシキン公爵こそ、黒沢がこの数年間ひたむきに描きつづけて来た、「人間の善意」の神の如き体現者なのであるから。その意味で、ここ数年の黒沢の諸作品はすべて「白痴」の前奏曲であつたわけであり、言いかえるならこの「白痴」こそこれまでの黒沢明の総決算たるべき作品なのである。事実黒沢は、ここに多年の宿望を達して、その映画的才能と世界観のすべてをこの一作にぶちまける勢いで製作に体当りしている。成功・不成功を問わず、この作品の完成を契機として黒沢明は改めて次の段階に新たな第一歩を踏み出して行くであろ

図2 『白痴』の北海道ロケのスナップ：写真上の右側に黒澤明、写真下に森雅之と原節子

い半袖のブラウスで登場する原は、小津の理想とする役を演じる原節子であったことも事実である。

平凡社版へのあとがき

わたしはすでに『小津安二郎のまなざし』『小津安二郎の食卓』という小津映画に関する二冊の本を書いている。これらの著作に取り組んでいたとき、いやおうなしに小津の周辺にいた監督たちに、とりわけ小津と同時代に松竹キネマ蒲田撮影所で映画を撮っていた監督たちに目を向けないわけにゆかなかった。その当時、小津が彼らとどのように交遊し、互いに影響を及ぼしあったのか？　そのようなことを調べているうちに、まとまったのがこの本のもとになった二百五十枚ほどの原稿である。ハードカヴァーの本で出版したいという編集者の意向もあって、新に八十枚ほどを書き加え、最終的な原稿が五月初めに完成した。三月の半ばに初めて読んで頂いた原稿が、夏の終りには本になって店頭に並ぶことを思うと、わたしはもちろんのこと、この原稿はとても幸運だったと思う。

この本では十人ほどの監督が「小津映画」というレールの上を走っている。小津をとおして彼らを見直すというわたしの企てが成功したかどうかは、読者の判断に一任するしかないが、実をいえば、五所平之助や清水宏や成瀬巳喜男はひとりずつ単独で書いてみたかった映画監督である。しかし、自分の置かれた状況を考慮すれば、彼ら三人をこのようにまとめて書けたことで満足すべきかもしれない。監督ひとりに二十五枚ほどの原稿を書くつもりだったが、とりわけ清水宏の章は長くなった。これは、わたしの清水作品への愛着が突出した結果である。本文にも書いたが、清水はもっと知られてもよい監督だと思う。溝口も成瀬も黒澤も小津のライヴァルに相違ないが、清水宏こそ小津の真のライヴァルだったのではないだろうか。

この本の出版にあたっては、小津ハマさん、清水てる子さん、松竹株式会社、東映株式会社、川喜多記念映画文化財団、国立近代美術館フィルムセンター（現、国立映画アーカイブ）に、資料の閲覧や図版の使用などで便宜をはかって頂いた。また、平凡社の関口秀紀さんには、多忙な最中、飛び入りの原稿を早々に読んで頂いた。企画会議での採用決定後、わたしの原稿は、ヴェテラン編集者の鵜飼耿子さんの手によって、本という「物」に姿を変えつつある。

末尾になったが、お世話になった方々に、深いお礼の言葉を述べたい。あとは著者として、この本が、知名度の高い小津や成瀬作品だけでなく、五所や清水の撮った旧き良き時代の作品群の再評価にすこしでも役立つことを願うのみである。

二〇〇一年六月十六日

貴田庄

ちくま文庫本へのあとがき

本書は二〇〇一年八月下旬に平凡社より出版された単行本を文庫化したものである。ただし、今回の出版にあたって大きく変えたところが二つある。

この本が平凡社より出版されたとき、タイトルは『小津安二郎と映画術』であった。出版当時、朝日新聞の書評欄に中野翠さんが大きく採りあげてくださった。そのこと自体はとても嬉しかったが、タイトルが平凡すぎると指摘された。彼女の書評がどんなものだったかはすっかり忘れてしまったが、タイトルについての彼女の言葉がわたしの記憶に残った。

そんなわけで、今回、文庫本を出すにあたって、タイトルを『小津安二郎と七人の監督』としてみた。いうまでもなく、黒澤監督の『七人の侍』をもじった。七人の監督とした理由はほかにもある。平凡社版の『小津安二郎と映画術』には、「アラン・レネの冒険」という章があった。しかし、今回、読み返してみて、その章は原稿を増やすために無理して書いた感が否めなかった。そこで「アラン・レネの冒険」の章を全文削除することにした。その結果、新しい目次を見ると、小津安二郎と七人の監督についての本になっていることに気づいたのである。

装丁について言えば、タイトルが『小津安二郎と七人の監督』に変わったが、ベースに用いた小津の写真は平凡社の単行本を再利用した。なぜなら『小津安二郎と映画術』の装丁は、わたし自身がデザインしたもので、愛着があったからだ。

図版は旧作よりかなり増えた。『小津安二郎と映画術』で使ったものを数多く採用したが、交換したり、新しくつけ加えたりしたものが少なくない。

最後に、平凡社がこの本の版権を快く戻してくださったこと、そして筑摩書房と同社編集部の鶴見さんが、小津安二郎生誕百二十年、没後六十年に合わせ、ちくま文庫として出版してくださることに感謝したい。

貴田庄

二〇二三年初春

注

本文における小津の言葉「自作を語る」は、『キネマ旬報 小津安二郎〈人と芸術〉』（一九六四年二月増刊号）より引用した。小津の日記からの引用には、田中眞澄編纂『全日記小津安二郎』（フィルムアート社、一九九三年）を用いた。ゆえに、これらの文献では、引用箇所を示していない。なお、引用文は、『東京物語』の脚本と『全日記小津安二郎』をのぞけば、基本的には新漢字、新仮名遣いに改めた。

はじめに、もしくは若き日の映画監督

1　衣笠貞之助「無声時代の歩み」『キネマ旬報 日本映画監督特集』一九六〇年、十二月増刊号、八〇頁。
2　同右、八〇〜八二頁。
3　岸松雄「溝口健二」『人物日本映画史1』ダヴィッド社、一九七〇年、五七二〜五七三頁。
4　下河原友雄編集、中井助三「中学生時代」『小津安二郎・人と仕事』井上和男発行、蛮友社、一九七二年、一二四頁。
5　野田高梧「小津安二郎という男――交遊四十年とりとめもなく」『キネマ旬報 小津安二郎〈人と芸術〉』一九六四年二月増刊号、三八〜三九頁。
6　前掲書、中井助三「中学生時代」一二四頁。

7 前掲書、木下惠介「映画をつくる魅力」『キネマ旬報 日本映画監督特集』一三〇頁。
8 前掲書、野田高梧「小津安二郎という男――交遊四十年とりとめもなく」三九頁。
9 前掲書、木下惠介「映画をつくる魅力」一三〇頁。
10 同右、一三〇頁。
11 前掲書、小津安二郎「自作を語る」『キネマ旬報 小津安二郎〈人と芸術〉』九二頁。

I 溝口健二、反小津的カメラワーク

1 岸松雄『私の映画史』池田書店、一九五五年、一五〇頁。なお、溝口の「自作を語る」(『キネマ旬報』一九五四年新年特別号)にはワン・シーン＝ワン・ショットという言葉が出てこない。
2 安田清夫「唐人お吉」『映画評論』一九三〇年八月号、六九〜七〇頁。
3 前掲書、岸松雄『私の映画史』一五一〜一五二頁。
4 桂千穂編・著『にっぽん脚本家クロニクル』ワールドマガジン社、一九九六年、一二二三〜一二二四頁。
5 依田義賢『溝口健二の人と芸術』映画芸術社、一九六四年、一四四〜一四六頁。
6 同右、三〇六頁。
7 清水晶「残菊物語 空前の甘さを持った大作」『映画評論』一九三九年十一月号、一四一頁。
8 清水晶「浪花女」『映画評論』一九四〇年十一月号、一一八〜一一九頁。
9 平井輝明「連載56素稿日本映画撮影史」『映画撮影』日本映画撮影監督協会、一九八五年、No.89、六八頁。
10 津村秀夫『続・映画と鑑賞』創元社、一九四三年、二二四頁。

11　前掲書、木下恵介「映画をつくる魅力」一三二頁。

Ⅱ　憧れのエルンスト・ルビッチ

1　特に『小津安二郎を読む』（フィルムアート社、一九八二年）を参照。
2　外国人の名の表記は同じ人物でも異なる場合が珍しくない。Ernst Lubitsch もエルンスト・ルビッチュ、エルンスト・ルウピッチ、エルンスト・ルーピッチ、エルンスト・ルビッチなどさまざまあるが、ここでは、わが国でもっとも一般的な表記と思える「エルンスト・ルビッチ」とした。
3　小津安二郎と『結婚哲学』『巴里の女性』については、特に山本喜久男『日本映画における外国映画の影響』（早稲田大学出版、一九八三年）の二〇八〜二〇九頁、および、第9章「『結婚哲学』と日本映画」を参照した。
4　落合矯一「ルビッチュ瞥見」『映画評論』一九二七年五月号「エルンスト・ルビッチュ研究号」、二五六頁。
5　「小津安二郎と語る」『キネマ旬報』一九四〇年一月一日号、一二五頁。
6　「小津安二郎座談会」『キネマ旬報』一九三五年四月一日号、一七五頁。
7　貴田庄『小津安二郎のまなざし』晶文社、一九九九年、七三頁。
8　同右、六七〜七一頁。
9　「小津安二郎芸談　第四回」『東京新聞』一九五二年十二月二十六日。

Ⅲ　五所平之助、もう一人のルビッチ好き

1　『キネマ旬報　日本映画監督全集』一九七六年十二月二十四日増刊号、一六六頁。

2　前掲書、岸松雄「五所平之助」『人物日本映画史1』三一五頁。
3　前掲書、五所平之助「常に人間の愛を」『キネマ旬報　日本映画監督特集』六八頁。
4　同右、六七頁。
5　佐藤雪夫「青春」『キネマ旬報』一九二五年十一月二十一日号、四〇〜四一頁。
6　前掲書、五所平之助「常に人間の愛を」六九頁。
7　同右、七二頁。
8　佐藤忠男編『お化け煙突の世界　映画監督五所平之助の人と仕事』ノーベル書房、一九七七年、一九一頁。
9　同右、一九二頁。
10　城戸四郎「暴漢に襲わる」『日本映画伝　映画製作者の記録』文藝春秋新社、一九五六年、一三一〜一三六頁。
11　前掲書、五所平之助「常に人間の愛を」七二〜七三頁。
12　前掲書、岸松雄「五所平之助」三〇二頁。
13　前掲書、五所平之助「常に人間の愛を」七三頁。
14　五所平之助と『結婚哲学』『巴里の女性』については、特に前掲書『日本映画における外国映画の影響』二〇八〜二〇九頁、および、第9章「『結婚哲学』と日本映画」を参照した。
15　前掲書、五所平之助「常に人間の愛を」七三頁。
16　五所の最後の作品は彼が住んでいた街を取り上げた『わが街三島　1977年の証言』(一九七七)という記録映画である。上映時間35分、16ミリ、カラー、ナレーターは久我美子。

Ⅳ 小津安二郎のコンティニュイティ

1 友田純一郎「足に触った幸運」『キネマ旬報』一九三〇年十月二十一日号、七七頁。
2 井上和男『小津安二郎作品集Ⅰ』立風書房、一九八三年、一〇四～一〇五頁。
3 大黒東洋士「小津安二郎の演出——『東京物語』の撮影を見る——」『キネマ旬報』一九五三年十月上旬号、六〇頁。

Ⅴ 清水宏と風物病

1 双葉十三郎『日本映画批判一九三二—一九五六』トパーズプレス、一九九二年、一二七～一二九頁。
2 前掲書、城戸四郎「女性向きの映画」『日本映画伝 映画製作者の記録』五六頁。
3 吉村公三郎「成瀬さん」『あの人この人』協同企画出版部、一九六七年、六四～六五頁。
4 厚田雄春／蓮實重彥『小津安二郎物語』筑摩書房、一九八九年、二七〇頁。
5 笠智衆『俳優になろうか』日本経済新聞社、一九八七年、五八～六〇頁。
6 前掲書、城戸四郎「清水宏のこと」『日本映画伝 映画製作者の記録』七八～七九頁。
7 同右、七九頁。
8 小津安二郎「スター・システム濫用」『キネマ旬報』一九四九年四月上旬号、一五頁。
9 岸松雄「回想の清水宏と石田民三」『フィルムセンター23 監督研究——清水宏と石田民三』東京国立近代美術館フィルムセンター、一九七四年、四頁。
10 前掲書、依田義賢『溝口健二の人と芸術』四四～四六頁。

Ⅵ　成瀬巳喜男と「二人の小津」

1　前掲書「小津安二郎座談会」『キネマ旬報』一七一～一七八頁。
2　笠智衆『大船日記　小津安二郎先生の思い出』扶桑社、一九九一年、一〇六頁。
3　前掲書、成瀬巳喜男「映画作家のペース」『キネマ旬報　日本映画監督特集』五九頁。
4　同右。
5　玉井正夫「成瀬巳喜男とその時代」『キネマ旬報』一九九一年十二月下旬号、一三七頁。
6　前掲書、城戸四郎「成瀬巳喜男のこと」『日本映画伝　映画製作者の記録』一〇九～一一〇頁。
7　同右、一一一～一一三頁。
8　前掲書「小津安二郎芸談　第四回」『東京新聞』。
9　前掲書、城戸四郎「島津保次郎の思い出」『日本映画伝　映画製作者の記録』一八〇～一八一頁。
10　堀川弘通『評伝黒澤明』毎日新聞社、二〇〇〇年、一五一～一五二頁。
11　佐藤忠男「成瀬巳喜男の演出」『三百人劇場映画講座』（復刻、合冊版）財団法人現代演劇協会、三百人劇場、一九九九年、三三二頁。
12　前掲書、笠智衆『俳優になろうか』一六九頁。
13　玉井正夫「成瀬巳喜男とその時代」『キネマ旬報』一九九一年十二月上旬号、一二九頁。
14　前掲書「高峰秀子」『小津安二郎・人と仕事』二二〇頁。

Ⅶ　木下惠介と日本のカラー映画

1　高峰秀子『わたしの渡世日記　上』朝日新聞社、一九七六年、三〇九～三一〇頁。
2　前掲書、木下惠介「映画をつくる魅力」『キネマ旬報　日本映画監督特集』一三六～一三七頁。

3　同右、一三六頁。
4　前掲書、笠智衆『俳優になろうか』一五二〜一五三頁。
5　高峰秀子『わたしの渡世日記 下』一八二頁。
6　わが国では、国際文化振興会の働きかけでテクニカラー三色転染方式のテクニカラーのスタッフがアメリカより来日し、一九三四年に『モダン東京』などの三十分の作品が二本製作されている（『日本映画技術史』日本映画テレビ技術協会、一九九七年、五四頁参照）。
7　亀井武編『日本写真史への証言（上巻）』淡交社、一九九七年、一一〇〜一一二頁。
8　石原郁子『異才の人木下惠介』パンドラ、一九九九年、二二六〜二二七頁。
9　前掲書、新藤兼人「俺はあとでいいよ」『小津安二郎・人と仕事』一八八〜一九一頁。
10　野口久光「笛吹川」『キネマ旬報』一九六〇年十一月十五日号、八四頁。
11　佐々木原保志監修、山口猛編集『映画撮影とは何か――キャメラマン四〇人の証言』平凡社、一九九七年、四〇〜四一頁。

Ⅷ　加藤泰と「緋牡丹博徒」

1　加藤泰『加藤泰映画華』ワイズ出版、一九九五年、一一頁。
2　山根貞男／安井喜雄編『加藤泰、映画を語る』筑摩書房、一九九四年、一二九〜一三〇頁。
3　前掲書『加藤泰映画華』三三三頁。
4　前掲書、城戸四郎「小津安二郎と天井」『日本映画伝 映画製作者の記録』七六〜七七頁。
5　前掲書『加藤泰映画華』三四八頁。
6　加藤泰が最後に撮った作品は『炎のごとく』であるが、この作品は一九八一年五月に公開されている。

7 佐藤忠男『小津安二郎の芸術』朝日新聞社、一九七一年、二六頁。
8 たとえば、『緋牡丹博徒 お命戴きます』のクライマックスでの乱闘シーン。
9 前掲書『加藤泰、映画を語る』二九六〜二九八頁。
10 前掲書『加藤泰映画華』三〇七頁。
11 前掲書『加藤泰、映画を語る』三〇六〜三一一頁。
12 山根貞男編『遊俠一匹 加藤泰の世界』幻燈社、一九七〇年、一六六頁。
13 丸山恵司「絵コンテにこめられた熱い思い」『月刊イメージフォーラム』一九八五年九月号、一一七頁。

おわりに、もしくは小津と黒澤

1 「酒は古いほど味がよい」『キネマ旬報』一九五八年八月下旬号、四七頁。
2 黒澤明『蝦蟇の油』岩波書店、一九八四年、二七七〜二八〇頁。
3 「自作を語る」『キネマ旬報 小津安二郎〈人と芸術〉』九四頁。

参考文献

井上和男編集『小津安二郎作品集I〜Ⅳ』立風書房、一九八三、一九八四年。

植草圭之助『わが青春の黒澤明』文春文庫、一九八五年。

小津安二郎/野田高梧『お茶漬の味・他』青山書院、一九五二年。

加藤泰『加藤泰資料集』北冬書房、一九九四年。

岸松雄『日本映画人伝』早川書房、一九五三年。

佐藤忠男『黒澤明の世界』朝日文庫、一九八六年。

佐藤忠男『木下恵介の映画』芳賀書店、一九八四年。

佐藤忠男『日本映画の巨匠たちI、Ⅱ、Ⅲ』学陽書房、一九九六〜一九九七年。

佐藤忠男『溝口健二の世界』筑摩書房、一九八二年。

スザンネ・シェアマン『成瀬巳喜男 日常のきらめき』キネマ旬報社、一九九七年。

高橋治『絢爛たる影絵 小津安二郎』文春文庫、一九八五年。

田中純一郎『日本映画発達史I〜V』中公文庫、一九七五〜一九七六年。

田中眞澄編『小津安二郎全発言1933-1945』泰流社、一九八七年。

田中眞澄編『小津安二郎 戦後語録集成』フィルムアート社、一九八九年。

中古智/蓮實重彥『成瀬巳喜男の設計』筑摩書房、一九九〇年。

都築政昭『黒澤明(上)その人間研究、(下)その作品研究』インタナル株式会社出版部、一九七六年。

津村秀夫『溝口健二というおのこ』実業之日本社、一九五八年。

永井健児『小津安二郎に憑かれた男』フィルムアート社、一九九〇年。
中村博男『若き日の小津安二郎』キネマ旬報社、二〇〇〇年。
深沢七郎『楢山節考』新潮文庫、一九六四年。
深沢七郎『笛吹川』新潮文庫、一九六六年。
水谷憲司『五所平之助研究ノオト』五所平之助研究ノオト刊行委員会、一九七二年。
山本周五郎『赤ひげ診療譚』新潮文庫、一九六四年。
『映畫読本清水宏』フィルムアート社、二〇〇〇年。
『映畫読本成瀬巳喜男』フィルムアート社、一九九五年。
『映畫読本溝口健二』フィルムアート社、一九九七年。
『小津安二郎映畫讀本』フィルムアート社、一九九三年。
『小津安二郎集成Ⅱ』キネマ旬報社、一九九三年。
『小津安二郎　東京物語』リブロポート、一九八四年。
『素晴らしき巨星　黒澤明と木下惠介』キネマ旬報社、一九九八年。
東宝五十年史編纂委員会『東宝五十年史』東宝、一九八二年。

定期刊行物、カタログ、パンフレット、新聞など

『アンディ・ウォーホル　1956－86：時代の鏡』朝日新聞社、アンディ・ウォーホル美術館、一九九六年。
『衣笠貞之助監督2大作品　狂った一頁／十字路』スペシャル・ナンバー8、岩波ホール、一九七五年。

『フィルムセンター21 五所平之助監督特集』東京国立近代美術館フィルムセンター、一九七四年。

『フィルムセンター24 島津保次郎監督特集』東京国立近代美術館フィルムセンター、一九七四年。

『フィルムセンター26 ハンガリー映画祭 ハンガリー映画の30年』東京国立近代美術館フィルムセンター、一九七五年。

『フィルムセンター32 小津安二郎監督特集』東京国立近代美術館フィルムセンター、一九七六年。

『フィルムセンター35 監督研究衣笠貞之助』東京国立近代美術館フィルムセンター、一九七六年。

『フィルムセンター38 木下恵介監督特集』東京国立近代美術館フィルムセンター、一九七七年。

『フィルムセンター48 溝口健二監督特集』東京国立近代美術館フィルムセンター、一九七八年。

『フィルムセンター55 成瀬巳喜男監督特集』東京国立近代美術館フィルムセンター、一九七九年。

『フィルムセンター64 小津安二郎監督特集』東京国立近代美術館フィルムセンター、一九八一年。

「特集アンディ・ウォーホル」『季刊フィルム9』フィルムアート社、一九七一年。

藤田明「小津安二郎日記を読む（上）（下）」『東京新聞』二〇〇〇年十月四日、五日。

外国語文献

Biro, Yvette : *Janscó, préface de Andrzej Wajda,* Editions Albatros, 1977.
Estève, Michel : *Miklós Jancsó, Études Cinématographiques,* No.104-108. Lettres Modernes Minard, 1975.
Richie, Donald : *Ozu,* University of California Press, 1974.

図版出典

扉写真　不明

はじめに、もしくは若き日の映画監督

図1　『キネマ旬報』一九六三年七月一日号

図2　『キネマ旬報』一九三六年一月十一日号

I　不明

図1　依田義賢著『溝口健二の人と芸術』

図2　溝口健二監督作品『浪華悲歌』

図3　溝口健二監督作品『残菊物語』

図4　『日本映画』一九四〇年九月号

II　（公財）川喜多記念映画文化財団

図1　小津安二郎監督作品『母を恋はずや』

図2　エルンスト・ルビッチ他監督作品『百万円貰ったら』

図3　城戸四郎『日本映画伝　映画製作者の記録』

図4　エルンスト・ルビッチ監督作品『結婚哲学』

図5　エルンスト・ルビッチ監督作品『結婚哲学』

囲6　チャールズ・チャップリン監督作品『巴里の女性』

Ⅲ
図1　『キネマ旬報　日本映画監督特集』一九六〇年、十二月増刊号
図2　城戸四郎『日本映画伝　映画製作者の記録』
図3　『読売新聞』一九三五年三月二十八日夕刊
図4　『読売新聞』一九三五年三月二十八日夕刊
図5　五所平之助監督作品『恋の花咲く　伊豆の踊子』
図6　五所平之助監督作品『恋の花咲く　伊豆の踊子』
五所平之助監督作品『明治はるあき』

Ⅳ
図1　『キネマ旬報　日本映画監督特集』一九六〇年、十二月増刊号
図2　『キネマ旬報』一九三〇年十月二十一日号
図3　小津安二郎が用いた『東京物語』撮影台本
小津安二郎監督作品『東京物語』

Ⅴ
図1　国立フィルムセンター「生誕110年　映画監督　清水宏」パンフレット、二〇一三年
図2　『キネマ旬報』一九五五年七月一日号
図3　厚田雄春／蓮實重彦著『小津安二郎物語』筑摩書房、一九八九年
図4　清水宏監督作品『有りがたうさん』
図5　(公財)川喜多記念映画文化財団
清水宏監督作品『小原庄助さん』

Ⅵ『キネマ旬報 日本映画監督特集』一九六〇年、十二月増刊号
図1『映画評論』一九三五年二月号
図2 岸松雄『日本映画人伝』早川書房、一九五三年
図3『朝日新聞』一九五五年一月十四日夕刊

Ⅶ『キネマ旬報 日本映画監督特集』一九六〇年、十二月増刊号
図1 アレクサンドル・プトゥシコ監督作品『石の花』
図2『キネマ旬報』一九五〇年十二月下旬号
図3『日本映画技術史』日本映画テレビ技術協会、一九九七年
図4『映画評論』一九六〇年九月号
図5『朝日新聞』一九六〇年十月十九日夕刊

Ⅷ『加藤泰映画華』ワイズ出版、一九九五年
図1 黒澤明監督作品『羅生門』
図2 山根貞男／安井喜雄編『加藤泰、映画を語る』筑摩書房、一九九四年
図3 加藤泰『加藤泰資料集』北冬書房、一九九四年
図4 加藤泰監督作品『緋牡丹博徒 お命戴きます』
Richie, Donald : *Ozu*, University of California press, 1974

おわりに、もしくは小津と黒澤
図１　不明
図２　『キネマ旬報』一九五一年四月特別号

小津安二郎フィルモグラフィー

参考資料として主に『フィルムセンター64　小津安二郎監督特集64』（東京国立近代美術館フィルムセンター）、『小津安二郎映畫讀本』（フィルムアート社）を用いた。

『懺悔の刃』（一九二七年、松竹蒲田作品）
『若人の夢』（一九二八年、松竹蒲田作品）
『女房紛失』（一九二八年、松竹蒲田作品）
『カボチャ』（一九二八年、松竹蒲田作品）
『引越し夫婦』（一九二八年、松竹蒲田作品）
『肉体美』（一九二八年、松竹蒲田作品）
『宝の山』（一九二九年、松竹蒲田作品）
『学生ロマンス　若き日』（一九二九年、松竹蒲田作品）
『和製喧嘩友達』（一九二九年、松竹蒲田作品）
『大学は出たけれど』（一九二九年、松竹蒲田作品）
『会社員生活』（一九二九年、松竹蒲田作品）
『突貫小僧』（一九二九年、松竹蒲田作品）
『結婚学入門』（一九三〇年、松竹蒲田作品）
『朗かに歩め』（一九三〇年、松竹蒲田作品）

『落第はしたけれど』（一九三〇年、松竹蒲田作品）
『その夜の妻』（一九三〇年、松竹蒲田作品）
『エロ神の怨霊』（一九三〇年、松竹蒲田作品）
『足に触った幸運』（一九三〇年、松竹蒲田作品）
『お嬢さん』（一九三〇年、松竹蒲岡作品）
『淑女と髯』（一九三一年、松竹蒲田作品）
『美人哀愁』（一九三一年、松竹蒲田作品）
『東京の合唱《コーラス》』（一九三一年、松竹蒲田作品）
『春は御婦人から』（一九三二年、松竹蒲田作品）
『大人の見る絵本　生れてはみたけれど』（一九三二年、松竹蒲田作品）
『青春の夢いまいづこ』（一九三二年、松竹蒲田作品）
『また逢ふ日まで』（一九三二年、松竹蒲田作品）
『東京の女』（一九三三年、松竹蒲田作品）
『非常線の女』（一九三三年、松竹蒲田作品）
『出来ごころ』（一九三三年、松竹蒲田作品）
『母を恋はずや』（一九三四年、松竹蒲田作品）
『浮草物語』（一九三四年、松竹蒲田作品）
『箱入娘』（一九三五年、松竹蒲田作品）
『東京の宿』（一九三五年、松竹蒲田作品）
『菊五郎の鏡獅子』（一九三五年、松竹蒲田作品、記録映画）

『大学よいとこ』（一九三六年、松竹蒲田作品）
『一人息子』（一九三六年、松竹大船作品）
『淑女は何を忘れたか』（一九三七年、松竹大船作品）
『戸田家の兄妹』（一九四一年、松竹大船作品）
『父ありき』（一九四二年、松竹大船作品）
『長屋紳士録』（一九四七年、松竹大船作品）
『風の中の牝雞《めんどり》』（一九四八年、松竹大船作品）
『晩春』（一九四九年、松竹大船作品）
『宗方姉妹《むねかたきようだい》』（一九五〇年、新東宝作品）
『麦秋』（一九五一年、松竹大船作品）
『お茶漬の味』（一九五二年、松竹大船作品）
『東京物語』（一九五三年、松竹大船作品）
『早春』（一九五六年、松竹大船作品）
『東京暮色』（一九五七年、松竹大船作品）
『彼岸花』（一九五八年、松竹大船作品）
『お早よう』（一九五九年、松竹大船作品）
『浮草』（一九五九年、大映東京作品）
『秋日和』（一九六〇年、松竹大船作品）
『小早川《こはやがわ》家の秋』（一九六一年、宝塚映画・東宝作品）
『秋刀魚の味』（一九六二年、松竹大船作品）

本書は二〇〇一年八月に平凡社より刊行された『小津安二郎と映画術』を再編集し、文庫化したものです。

異界を旅する能　安田登

「能」は、旅する「ワキ」と、幽霊や精霊である「シテ」の出会いから始まる。そして、リセットが鍵となる日本文化を解き明かす。（松岡正剛）

見えるものと観えないもの　横尾忠則

アートは異界への扉だ！　吉本ばなな、島田雅彦から黒澤明、淀川長治まで、現代を代表する十一人との、この世ならぬ超絶対談集。（和田誠）

ぼくなりの遊び方、行き方　横尾忠則

日本を代表する美術家の自伝。登場する人物、起こる出来事その全てが日本のカルチャー史！　壮大な物語はあらゆるフィクションを超える。（川村元気）

アンビエント・ドライヴァー　細野晴臣

はっぴいえんど、YMO……日本のポップシーンで様々な花を咲かせ続ける著者の進化し続ける自己省察。帯文＝小山田圭吾（テイ・トウワ）

skmt　坂本龍一とは誰か　坂本龍一＋後藤繁雄

坂本龍一は、何を感じ、どこへ向かっているのか？　独特編集者・後藤繁雄のインタビューにより、独創性の秘密にせまる。予見に満ちた思考の軌跡。

日本美術応援団　赤瀬川原平　山下裕二

雪舟の「天橋立図」凄いけどどこかヘン!?　光琳にはなくて宗達にはある〝乱暴力〟とは？　教養主義にとらわれない大胆不敵な美術鑑賞法!!

建築探偵の冒険・東京篇　藤森照信

街を歩きまわり、古い建物、変わった建物を発見し調査する〝東京建築探偵団〟の主唱者による、建築をめぐる不思議で面白い話の数々。（山下洋輔）

普段着の住宅術　中村好文

住む人の暮らしにしっくりとなじむ、居心地のよい住まいを一緒に考えよう。暮らす豊かさの滋味を味わう建築書の名著、大幅加筆の文庫で登場。

私の好きな曲　吉田秀和

永い間にわたり心の糧となり魂の慰藉となってきた、最も愛着の深い音楽作品について、その魅力を語る、限りない喜びにあふれる音楽評論。（保苅瑞穂）

世界の指揮者　吉田秀和

フルトヴェングラー、ヴァルター、カラヤン……演奏史上に輝く名指揮者28人に光をあて、音楽の特質と魅力を論じた名著の増補版。（二宮正之）

モチーフで読む美術史２　宮下規久朗

絵の中に描かれた代表的なテーマを手掛かりに美術を読み解く入門書、第二弾。壁画から襖絵まで和洋幅広いジャンルを網羅。カラー図版２５０点以上！

しぐさで読む美術史　宮下規久朗

西洋美術では、身振りや動作で意味や感情を伝える。古今東西の美術作品を「しぐさ」から解き明かす『モチーフで読む美術史』姉妹編。図版２００点以上。

印象派という革命　木村泰司

モネ、ドガ、ルノワール。日本人に人気の印象派の絵は、美術史に革命をもたらした芸術運動だった！近代美術史の核心を一冊で学べる入門書。

既にそこにあるもの　大竹伸朗

画家、大竹伸朗「作品への得体の知れない衝動」を伝える20年間のエッセイ。文庫では新作を含む木版画、未発表エッセイ多数収録。（森山大道）

眼の冒険　松田行正

森羅万象の図像を整理し、文脈を超えてあらわれる象徴的な意味を読み解くことで、デザイン的思考の臨界に迫る。図版資料満載の美装文庫。（鷲田清一）

シャネル　山田登世子

最強の企業家、ガブリエル・シャネル。彼女のブランドと彼女の言葉は、抑圧された世界の女性を鮮やかに解き放った——その伝説を一冊に。（鹿島茂）

グレン・グールド　青柳いづみこ

20世紀をかけぬけた衝撃の演奏家の遺した謎をピアニストの視点で追い究め、ライヴ演奏にも着目、つねに斬新な魅惑と可能性に迫る。（小山実稚恵）

音楽放浪記　世界之巻　片山杜秀

クラシック音楽を深く愉しみたいなら、歴史的な脈絡をつけて聴くべし！　古典から現代音楽を整理し、音楽の本質に迫る圧倒的な音楽評論。（三浦雅士）

音楽放浪記　日本之巻　片山杜秀

山田耕筰、橋本國彦、伊福部昭、坂本龍一……。伝統と西洋近代の狭間で、日本の音楽家は何を考えたか？　稀代の評論家による傑作音楽評論。（井上章一）

歌を探して　友部正人

詩的な言葉で高く評価されるミュージシャン自ら選んだベストエッセイ。最初の作品集から書き下ろしまで。帯文＝森山直太朗（谷川俊太郎）

品切れの際はご容赦ください

考現学入門　今和次郎　藤森照信編
震災復興後の東京で、都市や風俗への観察・採集から始まった〈考現学〉。その雑学の楽しさを満載し、新編集でここに再現。（藤森照信）

超芸術トマソン　赤瀬川原平
都市にトマソンという幽霊が！　街歩きに新しい楽しみを、表現世界に新しい衝撃を与えた超芸術トマソンの全貌。新発見珍物件増補。（藤森照信）

路上観察学入門　赤瀬川原平／藤森照信／南伸坊編
マンホール、煙突、看板、貼り紙……路上から観察できる森羅万象を対象に、街の隠された表情を読みとる方法を伝授する。（とり・みき）

自然のレッスン　北山耕平
自分の生活の中に自然を蘇らせる、心と体と食べ物のレッスン。自分の生き方を見つめ直すための詩的な言葉たち。帯文＝服部みれい（曽我部恵一）

地球のレッスン　北山耕平
地球とともに生きるためのハートと魂のレッスン。そして、食べ物について知っておくべきこと。絵＝長崎訓子。推薦＝二階堂和美（広瀬裕子）

ROADSIDE JAPAN 珍日本紀行 東日本編　都築響一
秘宝館、意味不明の資料館、テーマパーク……。路傍の奇跡ともいうべき全国の珍スポットを走り抜ける旅のガイド、東日本編一七六物件。

ROADSIDE JAPAN 珍日本紀行 西日本編　都築響一
蝋人形館、怪しい宗教スポット、町おこしの苦肉の策が生んだ妙な博物館。日本の、本当の秘境は君のすぐそばにある！　西日本編一六五物件。

ウルトラマン誕生　実相寺昭雄
オタク文化の最高峰、ウルトラマンが初めて放送されてから40年。創造の秘密に迫る。スタッフたちの心意気、撮影所の雰囲気をいきいきと描く。

ウルトラ怪獣幻画館　実相寺昭雄
ジャミラ、ガヴァドン、メトロン星人など、ウルトラマンシリーズで人気怪獣を送り出した実相寺監督が書き残した怪獣画集。オールカラー。（樋口尚文）

輝け！キネマ　西村雄一郎
日本映画の黄金期を築いた巨匠と名優、小津安二郎と原節子、溝口健二と田中絹代、木下惠介と高峰秀子、黒澤明と三船敏郎。その人間ドラマを描く！

関西フォークがやって来た！　なぎら健壱
1960年代、社会に抗う歌を発表した「関西フォーク」。西岡たかし、高田渡、フォークルらの足跡を辿り、関西のアングラ史を探る。（タブレット純）

痛みの作文　ANARCHY
京都・向島の過酷な環境で育った少年は音楽と仲間に出会い奇跡を起こす。日本を代表するラッパーが綴る魂震えるリアル・ストーリー。（都築響一）

大正時代の身の上相談　カタログハウス編
他人の悩みはいつの世も蜜の味。大正時代の新聞紙上で129人が相談した、あきれた悩み、深刻な悩みが時代を映し出す。（小谷野敦）

横井軍平ゲーム館　横井軍平　牧野武文
数々のヒット商品を生み出した任天堂の天才開発者・横井軍平。知られざる開発秘話とクリエイター哲学を語った貴重なインタビュー。（ブルボン小林）

悪魔が憐れむ歌　高橋ヨシキ
政治的に正しくなく、安っぽいショックの中にこそ救いとなる表現がある。映画に「絶望と恐怖」という友人を見出すための案内書。（田野辺尚人）

バーボン・ストリート・ブルース　高田渡
流行に迎合せず、グラス片手に飄々とうたい続け、いぶし銀のような輝きを放ちつつ逝った高田渡の酔いどれ人生、ここにあり。（スズキコージ）

間取りの手帖 remix　佐藤和歌子
世の中にこんな奇妙な部屋が存在するとは！　間取りと一言コメント。文庫化に当たり、間取りとコラムを追加し著者自身が再編集。（南伸坊）

ブルース・リー　四方田犬彦
ブルース・リーこと李小龍はメロドラマで高評を獲得し、アクション映画の地図を塗り替えた。この天才俳優の全作品を論じる、アジア映画研究の決定版。

たまもの　神藏美子
彼と離れると世界がなくなってしまうと思っていたのに、別の人に惹かれ二重生活を始めた「私」。写真と文章で語られる「センチメンタルな」記録。

青春と変態　会田誠
著者の芸術活動の最初期にあり、高校生男子の暴発するエネルギーを、日記形式の独白調で綴る変態的青春小説もしくは青春的変態小説。（松蔭浩之）

ちくま文庫

小《お》津《づ》安二《やすじ》郎《ろう》と七人《しちにん》の監督《かんとく》

二〇二三年五月十日　第一刷発行

著者　貴田庄（きだ・しょう）
発行者　喜入冬子
発行所　株式会社　筑摩書房
東京都台東区蔵前二―五―三　〒一一一―八七五五
電話番号　〇三―五六八七―二六〇一（代表）
装幀者　安野光雅
印刷所　中央精版印刷株式会社
製本所　中央精版印刷株式会社

ISBN978-4-480-43882-9 C0174